地域創造研究叢書
No. **34**

高齢者の
保健・福祉・医療の
パイオニア

愛知東邦大学地域創造研究所＝編

唯学書房

まえがき

　内閣府「平成 30 年版高齢社会白書」では日本は高齢化率が 27.7％で主要国の中で最も高く、この 20 年間で高齢化率が約 2 倍に増加した。高齢者がいきいき暮らすためには、日本の国内外の研究者より社会福祉や医療・看護・歯科衛生などの分野での理論研究と調査分析を行い、その知見を共有することが重要である。

　本書では、「少子高齢化社会の健康と福祉研究部会」のメンバーおよび共同研究者が着目したそれぞれの課題について取り上げている。

　第Ⅰ部「高齢社会の福祉」において、第 1 章「ソーシャルワークのメタ・クリティーク―社会福祉学の知識Ⅴ―」では、ソーシャルワークにおける知識の全体像をまとめたものである。ソーシャルワークは、社会福祉のなかの援助活動である。それは、人の生活に関わる活動であり、ソーシャルワークと人の生活という言葉がどんな行動から成り、どんな順序で行われ、あるいはどんな結びつきをしているのかという構造と過程として確認できる。そして、具体的な人の生活に向けられた活動の一部の変化が他の部分にどう影響し、全体の働きをどう変えていくかという知識が必要である。ソーシャルワークという活動は、人の生活という営みにいつも関わっている。この極めて日常的な言葉を、分析的で、明確な使い方をする言葉にし、ソーシャルワークの骨格と基本形である援助の構造と過程を明確にしたものである。第 2 章「高齢地域福祉」では、「高齢地域福祉」における知識と日本型モデルの全体像をまとめたものである。内容は、日本の高齢社会と高齢者福祉の理念、「地域福祉」をキーワードとする介護保険制度などの高齢者施策、2025 年問題を乗り越える介護・地域福祉のありかた、そして中国の「高齢地域福祉」事情、東アジア型福祉モデルの構築の必要性について紹介した。「高齢地域福祉」における日本の経験は、アジア諸国の地域福祉を進める上で参考になる部分が大きいと考えられる。

　第Ⅱ部「高齢者の医療と看護」において、第 3 章「中国黒竜江省ハルビン市のある透析センターにおける透析患者の生活状況調査」では、中国黒竜江省ハルビン市第四病院血液透析センターにおいて維持性血液透析を行った患者を対象に、2020 年 1 〜 6 月に行った調査結果をまとめた。その結果、同センターの透析患者はすべて医療保障があり、自分にかかる透析費用が低いことが分かった。患者の常用薬も医療保険があり、患者の経済的圧力が大幅に緩和でき、それによって社会健康の面

から患者の生活の質を高めることができる。また、患者の教育程度は生活の質に一定の影響があり、文化程度の高い患者は、各方面のスコアが高いことが分かった。患者の教育程度が高ければ高いほど、疾患に対する認知能力と理解力が高く、良い経済条件を持っており、自己管理、監督はより適切であり、透析治療効果は更に顕著である。第4章「高齢者の認知症予防とケア―家族は何ができるのか―」では、認知症の高齢者の予防とケアについてまとめたものである。現代の高齢者の課題は、健康長寿であるが、家族の課題は加齢によるフレイルや認知症をもつ高齢者のケアである。高齢者が住み慣れた家で、長く生活できるよう負担の少ない家族によるケアの方法を検討した。認知症高齢者の現状と問題を考え、認知症の予防、症状と経過について述べた。さらに家族が行うケアを、家族の心の動きを含め、「本来看護は、誰でも家庭で行うべきことである」という視点から認知症高齢者を支える家族は何ができるか、何をすべきか示唆した。

　第Ⅲ部「高齢者の口腔の健康」において、第5章「8020（ハチマルニイマル）、歯の健康」では、「健康日本21（第二次）」、歯・口腔の健康の一つの目標に、「80歳で20歯以上の自分の歯を有する者の割合の増加」として、「平成34年度には50％」を見る。目標年に先行すること6年、2016年（平成28年）に、51.2%を達成した。8020が世に出て30年。そして、今や確とした国民運動として、健康づくりの一端を支えている。その背景の一つには8020を転機として、口腔と身体の健康が相互に関連することを科学的に評価するうねりが起こり、波が高まり、続いていることがある。厚木ワークショップ有志29名によるこの国民運動の原点、1987年（昭和62年）を知り、次なるうねりへ、の道標である。第6章「高齢期をいきいき過ごすための口腔の健康―名古屋市高齢者における調査結果の紹介―」では、著者らが2016年4月から地域在住女性高齢者を対象とし、現在歯数20本未満の関連要因を抽出するために、疫学調査を行った研究報告を抜粋で紹介する。結論として、本研究では都市部の地域高齢者を対象に、現在歯数が「20本未満」との関連要因を検討し、「肥満」、「独居」、「更衣動作」が同定された。今回の結果を活用して、地域における高齢者の健康づくりを推進していきたい。

　本書の著者らの研究報告が、人生100年時代を見据えた高齢社会対策の策定の一助となれば幸いである。

2020年7月　　　　　　少子高齢化社会の健康と福祉研究部会　主査　尚　爾華

目　　次

第Ⅰ部

高齢社会の福祉

第1章　ソーシャルワークのメタ・クリティーク
―社会福祉学の知識V―

丸岡　利則

I　はじめに

　ソーシャルワークにおける知識は、その実践における場面や状況を把握し理解するために、さらに具体的な支援をイメージして、展開していくために必要なものである。専門職としてのアセスメント [1] やそれに基づくプランニングを可能にするのは、状況を正しく理解するための知識があるからである。

　ソーシャルワークが要する知識は、多岐にわたり、社会福祉及びソーシャルワークの知見から得られた知識と、関連領域の諸科学の知識の双方を含んでいる。また、その知識は、これまで述べてきた「技術」や「理論」[2] に関するものが含まれる。

　ソーシャルワークは、大きな分類では、社会福祉の中の援助活動である。それは、人の生活に関わる活動を行っている。またそれは、ソーシャルワークと人の生活という言葉がどんな行動から成り、どんな順序で行われ、あるいはどんな結びつきをしているのかという構造と過程として確認できる。そして、一部の変化が他の部分にどう影響し、全体の働きをどのように変えていくかという知識が必要である。また具体的な個々人の生活の状態を知ることができなければならない。すなわちソーシャルワークという活動は、具体的な人の生活に向けられた活動であるからである。また繰り返しになるが、ソーシャルワークという言葉は、いつも「人の生活」という言葉に関連して語られている。少なくとも、その部分であるはずのものを指す言葉とが常に一緒に用いられているはずのものだからである。

　ソーシャルワークという活動は、人の生活という営みにいつも関わっている。この極めて日常的な言葉を、分析的で、明確な使い方をする言葉にしなければならないだろう。それが本稿の出発点である。

　本稿では、ソーシャルワークの骨格と基本形である援助の構造と過程を明確に示

し、それを社会福祉学の知識の本質と関連する地点を示すのが目的である。

Ⅱ　援助活動の全体像

　ソーシャルワークとは、何か。それは、社会福祉の中の援助活動であり、人々の生活問題について個別的に相談に応じ、生活障害を持つ人々を支援することである。

　この大きな分類では、社会福祉という援助活動の中でソーシャルワークのような個別的・対人的なものは、2つある。1つは、ソーシャルワークであるが、2つは、「レジデンシャル・ケアのメタ・クリティーク—社会福祉学の知識Ⅳ—」（丸岡 2019：66-124）という「ケア」である。つまり、ソーシャルワークとケアという分類がある。この相違は、後述する。本稿では、社会福祉の知識に関連づけられたソーシャルワークという個別的・対人的な援助活動の全体像を考察するものである。

　まず、全体像を描く場合、医療や教育の概念とは違って、容易には到達できない問題がある。

　それは何かと言うと、社会福祉とはみなされていない援助やサービスを受けたり、経験したりしていることが挙げられる。それは、病気になると医者にかかり、ある年齢になると学校に通う体験をするという意味である。これらの援助やサービスの体験から、医療や教育についてのおおまかな観念像が作り上げられる。

　医療は、医師や看護師が専門的な知識を用いて、病気を確認し、それを治療するために、薬を投与したり、手術をしたり、また療養に必要な指導をしたりする活動であると考えられる。

　教育は、教師が一定の知識や技術を方法的な工夫をして、児童や生徒に伝授していくことであると考えられる。これがわれわれの持っている医療や教育の観念像である。

　つまり、われわれの間では、医療や教育の観念像が共有されているということである。そして、重要な点は、医療なり教育なりについての概念をさらに明確なものにしようとする場合には、この共有されている地点をスタートラインにすることができるということである。この観念像を「概念地図」として、その一部を調べて、それを積み重ねていくことによって、概念地図の全体が見えてくる。それが医療や

教育の全体像を精密なものにすることができるというわけである。

　しかし、社会福祉やその援助形態であるソーシャルワークについては、われわれの多くは、経験知がない。また、その実際の場面を見る機会もほとんどない。特にソーシャルワークについては、ほとんどの者が見当もつかない。仮に何らかのイメージを持っていたとしても、多くの場合、それは、著しく偏っている可能性があるだろう。

　ある人は、ソーシャルワークという援助が福祉事務所で経済的に困窮している利用者（クライエント）に国が行う生活保護の要否を決定する活動であると想像するかもしれない。またある人は、非行少年を補導する活動と推測するかもしれない。

　それでは、このように一般的な観念像を手がかりにできない場合には、どのようにすればソーシャルワークの全体像が見えるのか。それためには、ソーシャルワークというものがどんな形のものなのかを明らかにし、精密なものにしていけるのかという予測をして、予備的な知識で観念像を構築するために、あらかじめ観念像にアプローチできる道筋を示さなければならないだろう。

　例えば、社会福祉教育では、（観察）実習が重んじられ、ソーシャルワークの教科書では、事例の紹介が最初に記載される場合もある。そうすることによって、大雑把な観念像を構成し、どのようなことを話しているのかが明らかになり、それを照準にして、細部を話し、また照準を改めるという方法でソーシャルワークの概念を明確にしていくことができる。

　しかし、ソーシャルワークの概念を持たずに現実を見てもソーシャルワークは、見えないのである（経験できない）。また、そもそも現実に行われている「ソーシャルワーク」というものが正しいソーシャルワークでないかもしれないのである。予備的な知識なしに、ソーシャルワークとはこんなものだと即断するのは、ソーシャルワークについて偏った観念像を獲得することになる。事例を示して、それを手がかりにして、概念を獲得させようという試みも見られるが、特殊なソーシャルワークを紹介することになる。

　本稿の目的は、とりもなおさずソーシャルワークの観念像を明らかにすることである。そして、それは、メタ・クリティークの方法 [3] によって明らかにされる。

　本稿は、社会福祉の一形態としてのソーシャルワークを論理的に、筋道を立てて、その全体像を仮説的に提示する。そして、その基本的部分（要素）を示すものである。しかし、なぜこのような答えを導いたのかについての道筋は、省略する。

しかし、この仮説が正しいのか、間違っているのかは、経験的にテストすることが
可能である。また、経験的に確かめられたものと一致するかどうかのテストが可能
である（船曳 1993：93）。

Ⅲ　ソーシャルワークの概念

　ソーシャルワークは、用語の定義として、クライエント（利用者）が生活上の問
題を抱え、援助者のソーシャルワーカーとの相談援助を開始するところから始ま
る。クライエントは、自己の生活問題に直面しており、それに立ち向かっているこ
とを「問題解決活動」という。ソーシャルワーカーは、クライエントの問題解決活
動を促進する働きかけを行う。このようにソーシャルワークとは、クライエントが
自己の生活問題を解決する営みを促進し、また阻害条件を除外する援助活動であ
る。

　ここで、「問題」とは、クライエントにとっての問題であり、援助するソーシャ
ルワーカーにとっての問題とは区別される。ソーシャルワーカーにとっての問題
は、クライエントの問題解決活動が阻害されているという点である。それが社会福
祉問題と呼ばれるものである。しばしば人間の生活問題がイコール社会福祉問題で
あるとされているが、本稿のクリティークは、この点にある。本稿では、人間の生
活問題について、ソーシャルワーカーがクライエントにとっての理想の生活を考え
ることではなく、クライエントが考える生活問題のことであり、それを彼ら自身が
解決できないという障害があることに置いている [4]。

　ここでクライエントの問題解決活動を構成する基本的要素は、次のように考えら
れる。

　①自分と自分の生活問題を対象化し、分析して、働きかけ得る要因を見つける活
　　動
　②問題としている事態を改変する行動案
　③案出した解決策を実行すること

　ここでは、クライエントの問題解決活動は、これらの活動の繰り返しである。そ
してソーシャルワークという活動は、クライエントのこのような活動を促したり、
または阻害している条件を取り除いていく活動であると規定できる。

　この問題解決活動について、ある人が定年をまもなく控えている場合の事例から

考えてみよう。それは、その人が退職した後の生活をどのようにしようかと悩んでいるとするところから始まる。退職後にどんな生活を営んでいくのかというのがこの人の問題である。

この場合、この問題の内容は、再就職するのか否か、再就職ならばどのようなところを選ぶべきなのか、家族や友人たちとの今後の付き合い方をどうするのか、趣味や娯楽のような余暇の過ごし方、自分自身の健康の維持のために何をするのか、というような小さな問題も含まれている。しかし、この人にとって大切なことは、これらの1つひとつの問題を考えながら、定年後の生活の全体をどのように再構成し、どのようにしていくのかということである。

この人は、定年を生活全体を変動させる重大な問題として受け止め、定年後もよりよい生活を営み続けられるように、自分で解決していく。時には、自分で解決策が得られないで、人に相談したり、援助を求めたりして、解決する必要がでてくる。そのようなときに、この人の相談に応じて、解決策を一緒に考えていく仕事がソーシャルワークなのである。

しかし、通常、これらの相談に応じるのは、友人であったり、職場の同僚または福利厚生部門の担当者、あるいはかかりつけの医者のような人たちであるかもしれない。ここでは、友人をはじめ、職場の同僚も事務員も医者も、本来、社会福祉分野ではないが、ソーシャルワークという活動をしていると理解できるだろう。

このようにソーシャルワークがソーシャルワーカーという専門家ではない別の人々によって実施されているのは、それをする社会の仕組みが存在するからである。

わが国の場合、退職後の生活をどのようにするのかという生活全体の問題を解決する活動が確立しているので、専門職業として「生活全体」の中の問題として扱うことをしていない。したがって本来は、全体として解決を援助されるべき生活問題が、医療の問題、再就職の問題というように、他の問題として置き換えられていたり、部分化されていたり、凝集化されているのである。

また、病気になるという健康の問題は、本来は、生活全体に関わりを持っているものである。大きく言うと、金銭や家族、職場、もはや人生に関わる問題なのである。しかし、通常、健康の問題は、病気の問題として解決され、そのほかの問題に波及したり、病気の治療が生活全体を変えるということにならない。というのは、ある問題が起きても、その問題が他の問題に波及しないように、その問題を極小化

するような社会の仕組みが、われわれの社会生活に関する制度の中に存在するからである。

Ⅳ　生活全体という意味

　それでは、定年の次に、病気の治療の事例を検討をする。

　その代表的なものとしては、経済的な対応として健康保険の制度があり、治療費用の負担軽減となっていることが言える。仕事への対応としては、病気による休職の制度が確立している。また、病気によっては、様々な社会的役割を免除される。それらが一体となって、病気の治療を容易にすることができるだろう。また、家族や親族、または友人から様々な援助を受けることも可能だろう。このような公私にわたる仕組みが複合して存在するので、問題を最小限にとどめ、極小化し、生活全体に拡大することを防いでいる。

　しかし、高齢者や障害者、または貧困者は、病気になることがすなわち生活全体を変えてしまうことにつながる。これらの者が病気になると、雇用関係が不安定な場合、すぐに失業の可能性があるだろうし、もし普段から親戚付き合いや友人との交流がない場合、病気の問題が他の問題に波及し、増幅し、生活全体をすぐさま脅かすことになる。これは、生活の脆弱性と呼ばれる事態である。このように生活が脆弱な人、つまり小さな問題が起きると、すぐに生活全体が壊れてしまう人たちのことは、バルネラブル（vulnerable）と呼ばれている。

　さらに病気であっても例えば精神科の多くの疾患の場合では、病気であることに人々は偏見を持って、許容的な態度を持っていない可能性もあり、後に社会生活能力に障害を残すこともある。この場合には、病気の問題は、生活全体の問題に拡大するだろう。

　こういう場合、福祉事務所という機関が高齢者や障害者、貧困者などのバルネラブルな人たちの生活問題についての相談に応じている。これらの人の多くは、世話や介護という福祉サービスや、生活費の援助を求めて福祉事務所に来る。福祉事務所では、これらの要請の可否を決定するだけでなく、求められた要請を前述の例のように、生活問題が部分化、凝集化したものとして捉えて、理解しなければならないし、むろんそのようなものとして解決を援助しなければならない。

　福祉事務所の職員は、相談者に対して、単に金銭を給付するとか、福祉サービス

に結びつけるということだけを行っているわけではない。そうではなく、その人の生活全体をよりよくするためにはどうしたらいいのかということに、ある意味では問題を置き換えて、相談援助を行っている。

　このようにわが国の場合、ソーシャルワークという活動は、具体的には福祉事務所や児童相談所などの機関の職員、あるいは老人ホームの生活指導員などの人々が行っている活動を指している。しかし、その社会福祉活動とは、生活保護を決定することや子どもの施設入所を決定すること、サービスの利用・契約・措置に必要な仕事を指しているのではない。前述したように、クリティークとして、ソーシャルワークが偏っていると述べたが、それは、仕事の一部分だけを取り上げて、それをソーシャルワークだと思い込んでしまう危険性を指摘したものである。そうではなく、社会福祉の仕事に先立って、それと並行して、クライエントが抱えている問題を生活全体に関わる問題として受け止め、クライエントが解決策を見出し、実行していく過程を助けていく活動が、本稿が述べるところのソーシャルワークの仕事なのである。

V　ソーシャルワークとケア

　社会福祉は、対人的・個別援助としては、ソーシャルワークとケアに区別される。この節では、ソーシャルワークと社会福祉としてのケアとの関連を説明をする。社会福祉としてのケアを本稿では、「福祉ケア」と呼ぶ（丸岡 2019：76）。

　病弱であるとか、障害を持った高齢者の食事や入浴の介助をしたり、それらの人に代わって買い物をすること（代行）、あるいは「これを買った方がいい」という指示（直接的支持）を与えることは、人の実生活の過程に直接介入する活動である。このように実生活過程に介入する活動が福祉ケアである。通念としての社会福祉は、このような福祉ケアのことを意味している（丸岡 2019：79）。

　これに対して、ソーシャルワークは、前述したように、人が試みる生活問題の解決過程に働きかける活動であって、福祉ケアのように人の実生活そのものの過程に働きかけるのではない。

　ソーシャルワークとケアの区別の関連を明らかにするためには、「生活問題を解決する」という言葉の経験的な内容を明らかにしなければならない。

　つまりソーシャルワークの働きかけによって、生活問題が一応解決するときの

「生活問題を解決する」の問題の内実のことである。結論から先に言うと、「人が新しい生活像を見つけるということ」になるだろう。

「社会福祉学の知識Ⅳ」（丸岡 2019）で述べたように、「社会福祉という人間の活動は、人間が持っている生活困窮を現実的、個別的に解決することを意図している。（略）ここで『現実的に解決する』とは、単に解決の可能性をつくるというのではなく、対象とした生活の現状がそれ以前よりも『よりよい』ものに変わることを言う。また、『個別的に解決する』とは、現に生活困窮を経験している個人に働きかける過程を通じて解決することを言う」[5]（丸岡 2019：68）。

生活像とは、現実的で、実現可能なものでなければならない。そして、人の実生活とは、この生活像を実際に実施することなのである。

これを踏まえると、ソーシャルワークとは、実現可能な生活を設計する過程に介入する援助であり、他方、福祉ケアとは、設計に従って生活を実現していく過程に介入する援助なのである。

例えば、人は、体が不自由になるとか、定年を迎えるとかいうような出来事に遭遇する。それは、今まで自分なりにそれで「よい」と思っていた生活を営もうと思っても営めなくなることを意味する。これが生活問題である。そして、これから自分がどのように生きていくのかということが問われることなのである。人は、何としても以前と同じ程度のもので、できればより「よい」生活を営みたいとか、営むべきであるとかと考えて、実現可能な生活の仕方（「よい」生活像）を見出していこうとする。

つまり、生活問題を解決するということは、実現可能な「よい」生活像を再構築することであり、新しい生き方を「決める」ことなのである。繰り返しになるが、この新しい生き方は、現実に実現できるものでなければ意味がないので、新しい生活像とは、そのようなものとして設計される必要があるだろう。

人の実生活の過程とは、この「決めた」生き方（「よい」生活像）を実現していく過程のことを指している。この実現過程は、誰に何をどのようにするのかということで成立している。つまり、誰の介助や代行、あるいは支持を得て、食事をし、入浴し、また買い物をするのか、どの友人と何を、いつ一緒に楽しむのかという様々な生活行動から成り立っている。

このことを例えば老人ホームの利用ということで考えてみよう。老人ホームの利用は、病弱であるとか、障害を持った高齢者がいくつかの選択肢の中から、他より

「よりよい」生活が営めるという見通しに基づいて決断した生き方であると言える
だろう。例えば、脳卒中の後遺症で体に麻痺を残して退院することになった障害の
ある1人暮らし高齢者のケースは、まさに、これからどのように生きていくのかと
いう生活問題に直面する。

　この例では、生活問題の解決のために、退院後の生活として、実現可能な新しい
生活像を設計しなければならない。そこで、生活を設計するためには、次のような
ことが必要であるだろう。

　①熟慮（consider）すること
　②交渉（negotiate）すること
　③新しい（人間）関係を取り結ぶこと
　④新しい用具（物的な環境）の使い方を身につけること

　まずは、この例のように障害を持った体で、以前のように1人で暮らしていくこ
とができるかどうかが検討される。その内容は、買い物や食事の準備ができるのか
どうか、トイレや入浴はできるのかどうか、病気にかかったらどうすればいいの
か、どのような援助や協力体制があれば可能なのか、家族が別にいたとして、その
家族の援助は配偶者や子どもたちからも得られるのかどうか、在宅サービスが受け
取れるのかどうか、など具体的な生活行動の1つひとつについての熟慮（consider）
がなされる。

　その過程では、自分の体と健康について医者に意見を聞いたり、退院後の生活に
ついて、子どもたちと話し合い、自分の必要を訴え、相手の意見と調整したり、福
祉事務所の職員と自分が受けられるサービスの見通しをつけたり、交渉（negotiate）
する。

　このような熟慮と交渉を続けながら、子どもとの同居の生活、ホームヘルパーな
どの在宅サービスを受けながらの自宅での生活、また老人ホームやケアハウスでの
生活といったものが検討されていくのである。その結果として、この人は、老人
ホームでの生活の方が他の生活よりも自分にとって「よりよい」と考えるに至る。
つまり、障害を持ちながら老人ホームで生活していくことを「決める」ことにな
る。

　老人ホームでの生活は、食事や入浴やトイレなど身の回りのこと、学習や娯楽と
いう活動だけでなく、家族との付き合いや友達とのつながりも維持されていくもの
でなければならない。「決める」ということの中には、そういうことや誰にどのよ

うに助けてもらうのかということも含まれている。つまり、「決める」ということは、老人ホームという場所で生活をするということとともに、家族や親せき、友人、そして、そこの職員（介護福祉士）、あるいは医療機関の人たちに、自分が望ましいと考えている生活が実現できるように、日常生活行動を助けてもらうということの約束を取りつけることが含まれている。それは、また新しい関係を取り結ぶことであり、新しい用具の使い方を身につけることでもある。

　ただし、現実には、このような一連の過程が常に成立しているわけではないだろう。老人ホームの利用は、多くの場合、本人が選択したというよりも、選択の余地がない状況になっている可能性があるだろう。また本人に知的障害や認知症がある場合には、そのような熟慮や行動ができないこともあるだろう。

　しかし、われわれが生き方を「決める」ということは、そのようなものでなければならないと考える。自分の生き方は、他の誰でもない自分自身が決めるものだからである。そして、その「決めた」生き方（生活像）を実現していけるような生活こそが「よい」生活の基本的なあり方であると考えられる。老人ホームでの実際の生活は、食事をしたり、入浴をしたり、友人と談笑したり、趣味を楽しんだり、家族と交わったりといった個々の生活行動であるが、これらの生活行動は、この高齢者が決めた「よい」生活像の実現過程でなければならないと考える。

　ソーシャルワークとは、このように将来の生活を設計するために、熟考し、人と交渉し、新しい人間関係を結ぶ過程を援助する活動である。

Ⅵ　福祉ケア

　われわれは、食事や入浴を助けること自体が福祉ケアと考えがちである。そうではなく、その人本人が「決めた」生き方を実現できるように、その人の実生活の行動を助けていくことが福祉ケアの本質である。

　人間の生活は、基本的には欲求充足の過程であると見ることができる。しかし、欲求（例えば、健康、仕事、家庭）のそれぞれに対する重みのつけ方が人によって異なっている。しかも、人間の欲求充足活動は、特定の人（代わりえない）と特定のことを、特定の方法で行うという点で、社会的な活動である。そして、何よりも人間の欲求充足活動は、何かを意図してするという意味で、目的的、主体的な活動である。したがって、人間の生活というのは、個々人が構成した望ましい生活像を

実現していくものだと考えられる。

　人間の生活が持つ特性のこの点を強調すると、人間のケア（福祉ケア）とは、その人が「決めた」生き方を実現していく援助でなければならない。

　ここまででは、ソーシャルワークの側から福祉ケアを考え、検討を進めてきた。しかし、福祉ケアの側から言うと、まったく別の様相が見える。ここから言わばクリティークからメタ・クリティークへの転換として、新しい局面になる。福祉ケアの側からの視点は、それは、人が実生活を営みながらも、実は再び、その過程の中で、望ましい生活像を作り換えられる必要があるということである。というのは、最初にその人が考えた望ましい生活像が実生活の過程でそのまま実現できるとは限らないし、実際に生活する過程でその人の見方や考え方が変わったり、その人が置かれている状況そのものが変化してくると、その人が望ましいと考えていた生活像もそれに伴って変化していくだろうからである。

　それは、福祉ケアとソーシャルワークの相関を再度確認することになる。福祉ケアは、その人の望ましい生活像を聞いて、その人の指示に従って働きかけが行われるということだけではなしに、事態の変化に応じて、その人の生活像そのものをより望ましいものへと変えていくよう援助しなければならない。つまり、福祉ケアは、当の本人が決めた生き方の実現を助けながらも、今後は逆に、新しい生き方を決めることを助けるという側面を持っていることである。

　このように、異なった2つの側面を同時に実行していくというところに、福祉ケアの難しさがあると言えるだろう。

Ⅶ　クライエントの問題解決活動

1　問題解決活動の全体像

　人の問題解決活動の典型は、「人に相談する、人に助けを求める」ということである。われわれは、ソーシャルワーク場面において、クライエントが問題に対処するために行う、様々な活動を直接観察することができる。

　この節では、ソーシャルワークの実践活動の経験を踏まえ、人が生活問題を解決するにあたって、どのような行いをしているのかということについて、面接場面を中心に経験的な内容を分析し、明らかにしたいと考える。

　それは、問題解決活動の全体である。これまでの専門家が実施するソーシャル

ワーク論の中の問題解決方法からではなく、メタ・クリティークとしてのクライエント側からの問題解決的な地点からの内容 (6) を構成する。それは、次の構成要素となるものである。

　①問題の輪郭を描くこと（問題の意味を考える）
　②問題解決のための「課題（task タスク）」を明らかにすること
　③明らかにされた課題に対処すること（coping）
　④信条や生活理念を改めること

　これらの生活問題に直面したクライエントの問題解決のための活動を、具体的にそれぞれの要素の内容（過程）を見てみよう。

2　問題の輪郭を描くこと

　まず、「①問題の輪郭を描くこと」とは、問題解決行動の1つとして直面している問題の意味を考えることである。

　体に何らかの不調を感じて、不安や恐怖を感じ、その原因を探ろうと奔走していた人が、ある病院で医者にガンであることを宣告されて、はじめて安心するということがある。これは、「名付け効果（naming effect）」と呼ばれるもので、「何が問題であるか」ということがはっきりすると、つまり問題の輪郭が明確になると、人間はその問題の原因や対処の仕方までも分かったと思い込んでしまう傾向があることを示す事例である。

　病気の場合と違って、生活問題の場合、相談に来たクライエントは、一方では、苦痛や恐怖、怒りといった感情を語り、もう一方で、生活上に起こった客観的な出来事を語り出すだろう。生活問題に直面して多くの不快な感情を体験する。

　まず1つは、このような不快な感情を処理することである。それは、第1に「耐える」という行いである。第2には、同時に不快な感情をとりあえず処理しようとして、家族や友人・知人に同情や慰めを求めたり、漠然とした助けを申し出たりする。つまり、不快な感情は、一方で人を「他者に協力や援助を求めるという行いに導き、人が生活問題解決活動に向かうことに対する動員なり動機を形成するという意義があるだろう。

　2つは、生活問題についての認識である。クライエントは、最初、その生活上の出来事によって、自分の生活全体がどのように変わっていくのかが理解できないために、その出来事と不快な感情とを結びつけることができない。そのために、ク

ライエントは、不快な感情が起こってくる原因を探るために、その出来事によって、自分の生活がどのように変わっていくのか（何が問題であるのか）を知ろうとする。つまり、問題の輪郭を描こうとするわけである。生活がどのように変わっていくのかを知ろうとすることは、その出来事が自分の生活を構成しているそれぞれの生活領域（家族関係、職場関係、友人関係など）に対して、どのような変化があるのかを考えること、つまりその影響や反響を1つひとつを予測していくことである。これが出来事の（自分の生活全体に対する）意味を考えるということである。

　付け加えるが、意味を考えるということは、一定の価値に対する影響力を考えるということである。今までの生活がその人にとって一応「よい」ものと考えられているからこそ、その「よい」生活に対して、客観的な出来事がどのような影響や反響を与えるのかということを捉える必要がある。

　意味を考えるということは、具体的にはどのように輪郭を描くのかについての技術が求められるが、それよりもここでは輪郭を描くことの重要性に鑑み、特にこれによって問題解決活動をすることができる。

3　課題を明らかにすること

　「②問題解決のための『課題（task タスク）』を明らかにすること」とは、次のとおりである。

　問題の輪郭を明確にし、出来事の意味を考えたクライエントが、次に行うことは、問題を解決するために、しなければならない課題を探り、明らかにしていくことである。この課題は、起こってきた出来事自体に直接対処するための課題と、その出来事が他にもたらす影響（生活全体にもたらす影響）に対処するための課題とに、分けて考えることができる。

　事例として脳卒中の後遺症で身体に障害を残し、退院することになった人が退院後の生活を考えていくうえで、明らかにしなければならない課題を分析してみよう。

　この課題の分析は、起きている出来事によって変化する。この脳卒中などの病気で障害者になった場合の課題とは、このクライエントがこれまでと全く変わらない生活を続けていくための課題ではない。障害を認識し「よさ」の点で同じ生活をしようと考えた場合に、何をしなければならないのかという意味で求められる課題である。

　先に見てきたように、クライエント自らの問題解決の課題設定ということにな
るのだが、課題には、2つの対処の課題という局面がある。その課題は、起こっ
てしまった事態に対して直接対処する課題と、起こってしまった出来事が他にも
たらす影響（生活全体に対する影響）に対処するための課題の2つがあるとした。
そして、この脳卒中の場合の2つ目の課題は、その事態が家族や職場などの自分
の生活療育のどのような影響を及ぼすのかということを探り（問題の輪郭を描き）、
繰り返すが、「よさ」の点で同じ生活とは何か明らかにしなければならないことで
ある。

　ここで注目すべきは、クライエントは、自分の生活全体に対する影響を最小限に
するような方向で課題を見出す傾向があるということである。それは、課題の選択
の段階に関わることになるだろう。つまり、障害者になったクライエントの家族内
の役割遂行で言うと、それは行動の仕方を変えたり、他者の援助を受けたりするに
しても、できるだけ以前と同じような役割が果たすことができて、また同じような
評価を受けるような方向での調整を試みるということである。これらは、人の生活
の全体の構造の変化という観点から、課題の選択の「第1段階」となるであろう。

　そして、「第2段階」とは、同じ障害者になったクライエントの例として話を進
めると、今までと同じように仕事をして、世の中の役に立つ人間、人に必要とされ
る人間として生きていきたいけれども、障害者としてそれをどのようにして達成し
ていくのかということは、セルフ・イメージ（自画像）を維持していくといった点
からの課題である。また、それは、生活を続けていくために最も大切な肢体不自由
の身体の障害者の場合としては、なかなか将来の見通しが立たないだろう。このよ
うな課題は、言うまでもなく、その人の生活全体を大きく変えてしまう可能性を内
在しており、これらの課題を明らかにするためには、多大な時間とエネルギーを必
要とする。その意味で、これらは課題の選択の「第2段階」といえる。

　このことから、人間は直面している生活問題の種類や程度、また自分自身も含め
た状況に応じて、課題を選択していくことが理解できるだろう。

4　クライエントの課題の対処

　次に「③明らかにされた課題に対処すること（coping）」は、問題解決活動の次
の段階に該当する。②の中で明らかにされた課題に対するための実際の対処のこと
である。クライエントがソーシャルワークの場面で見せる対処法は2つある。1つ

は、次項5の「信条や生活理念を改めること」と、2つは、以下のような対処法である。

　この対処法は、いわばソーシャルワークの解決活動の中核となる。そして、次のような5つの要素になるだろう。

　1.　情報（知識）を集めること

　　対処の第1には、情報を集めるという行動がまず挙げられる。人間の行動は、本来選択的なものであるので、情報収集は行動の選択の幅を広げるということであり、結果としてよりよい問題解決に導くことになる。情報収集は、最初は印刷物やメディア、友人や知人などに始まって、最後は、多くの場合、「専門家のところに相談に行く」という行為につながることになる。

　2.　他者の支援や協力を求めること

　　これらの行動は、通常、他者からの励ましや慰めといった心理的・情緒的なレベルで求められるものであり、クライエントに対して、不快な感情を処理したり、情緒的な安定を図るという効果をもたらす。しかしながら、われわれは問題解決活動として考えた場合、これらの情緒的な支援よりも、むしろ社会的あるいは関係的な支援や協力のほうが重要であると考える。クライエントを中心としたソーシャル・サポート・ネットワークという視点が注目される。

　3.　新しい生活の仕方、知識や技能を獲得すること

　　クライエントにとって生活問題は、今までのやり方では解決することができない事態である。このため、クライエント自身が明らかにした課題に対処するためには、今までのやり方ではなく、新しい知識や技能を身につけなければならない。障害者の生活場面に応じて、新しい生活の仕方に習熟することが大切である。

　4.　現実的で実現可能な目標を決めること

　　問題の輪郭を描き、それぞれの課題を考えても多くの場合うまくいかない。障害者になった、失業した、配偶者を亡くしたというような問題は、依然と全く同じように対処できるものではない。この場合、多くの人は、「この程度で我慢しよう」、「この程度できればいい」と考えるようになるだろう。これは、「ここまではできる」という見通しや可能性のある目標を定めるという行いであり、一方では諦めて、一方では実行するという「意思決定」である。

　5.　リハーサルを行うこと

　　この段階は、事態の予測と推論から成り立っている。つまり「こうしたらどう

なるのか」、「ああしたらこうならないか」と考える。問題は、当然一挙に解決しない。課題の中で、その時点で自分自身で変化しうる、ある要因を見つけて、それをどの方向に変化させれば、全体としての問題がどのように動くか、その次に、今度は違った課題を変化させれば、再び全体としての問題がどう動くのかといったことを1つひとつ検討して、予想し、推論していくのである。

　このリハーサル（rehearsal）は、基本的に観念的に行われる。この場合、よいリハーサルとは、問題解決のための様々な行動の対象である。他者の反応を予想し、より多くの場合や可能性が想定されているリハーサルであり、逆に、自分の行う手順のことしか考えていないリハーサルや、「空想する」、「夢見る」、といった形の非現実的なリハーサルは、考えるべき内容の外にあるものだと言える。

5　信条や生活理念を改めること

　以上、クライエントからの課題を見つけて、それに対処するというソーシャルワークの過程を見てきたが、最後に対処方法の最終段階としての対処ということでメタ・クリティークを見てみよう。

　前述したこれまでの対処は「よさ」の点で以前と同じような生活をしようと思って、各々の課題を案出し、それに対する具体的なプログラムを考えるわけであるが、実際には、様々な制約があり、できることとできないことがある。この場合、最後になって人は、最初に考えていた生活ではなく、現実的で可能な生活をよい生活と考えるようになる。つまり、今までとは別の信条や価値観を持ってきて（作り替えて）、実現が可能なと思われる生活に対する意味づけを変えるわけである。これが人生観を変えるという対処の仕方である。

　この「④信条や生活理念を改めること＝生活理念を変更すること」という一番素朴なやり方は、現在の生活を意味づけていた人生のスパンを変えるということである。例えば、仕事で成功し、人に評価され、満足な収入を得ようと考えていた人が、病気で身体が不自由になった場合、今の生活は、以前に描いていた生活から見ると、意味のない生活になってしまうだろう。現実的には、今の生活からは、以前に考えられていた生活を実現することができないと考えられるからである。しかしながら、現在の生活をもっと先の地点（死ぬまで）から考えると（人生を長いスパンで考えるようになると）、仕事も所詮は、人生の短い期間の出来事であり、自分

の生活にとっては、それほど大切なものではない、むしろ、そのような長い人生を共に過ごしていく配偶者や家族の方がより一層大切に思えるようになる。また、逆に、長いスパンで人生を考えていた人が、不治の病に冒され、死期が迫ってくると、その人にとって今の生活の意味は、以前の別のものになってしまう。以前の生活においてはあまり注意を払わなかった出来事に大切な意義を見出したり、その時その時に相手が喜ぶことが自分の喜びになると考えるようになることもある。

　つまり、信条や人生観を改めることとは、生活の中で大切にするものに対するウエイトづけを変えてしまうことを意味している。

　人の問題解決活動の主な段階は、問題の生活全体に関する影響を考えて、クライエント本人がしなければならない課題を見つけ出し、その課題に対処することである。前項で見てきたように、対処の中には、5つの過程（手順）が含まれていたが、この5つの過程の中で一番大切なことは、他者に支援を求めることであると考える。本来は、家族に支援してもらうことが大切であると考えられる。しかし、対処できるか否かは、他者の協力が得られるのかにかかっている。ただし、他者の支援とは、「慰め」や「励まし」といった情緒的に強調された支援ではない。むしろ、実生活に対する直接的・具体的な支援であるところの他者の「協力」である。

　他者に協力してもらうためには、相手に自分の必要を訴え、交渉し、ある時には妥協するということが重要である。順序として、他者からの情緒的な支援と新しい知識・技能の獲得が先で、最後に「自ら見出した課題」に対処するうえで、「他者に支援を求め、協力を依頼する」ことの重要性がある。

　課題の対処の中で他者の協力の他にもう1つ、重要な点がある。それは、前述したように「新しい人間関係」を作っていくことである。病気になったような場合には、医者と治療という関係を作らなければならないし、心身に障害を持った場合には、ホームヘルパーなどの在宅サービスの専門家との新しい関係を作る必要がある可能性もあるだろう。つまり、ここでも知識や情報を獲得することや他人から情緒的なサポートを得るというようなクライエント本人の側だけのことではなく、人間関係を変えていくこと、あるいは新しい人間関係を作っていくことが対処の段階に不可欠な要素である。

Ⅷ　問題解決としてのクライエントの対処

　クライエントが生活問題から課題を見出して、その問題解決のために行う活動
は、これまで見てきたように「課題から対処へ」という基本形にある。

　それでは、生活問題の例を挙げながら、本稿のストーリーを踏まえて、その骨格
とその基本形から全体をたどる。

　事例として、クライエント（女性）が脳卒中による身体に障害を持ったケース
で、退院することになった生活問題を考えてみよう。障害者になったこれからの家
族生活、仕事の持続性、友人とのこれまでと同じ付き合いの可能性、リハビリの治
療選択などという生活問題がある。それは、それぞれの生活領域に分けて、出来事
の影響や反響を考えることが問題の輪郭を描くということであり、このことが病気
で障害を持ったという出来事の生活全体に対して持つ意味を考えるという具体的内
容である。

　クライエントとしてこの女性は、退院後の生活をどのようにするのかを考えて、
まず情報を集める。自分の身体のことに関して、病気の再発の可能性や、どの程度
の障害が残り、リハビリの期間はどのくらい必要なのかを主治医に尋ねたり、さら
にはこれまで家族で分担してきた家事のことを誰かに援助してもらうことができる
のかなどを知人に尋ねたり、相談機関を利用するなどして情報を集めるだろう。そ
の時に身近な人からの励まし、慰めを受けることもあり、情緒的な安定も得られる
ことになるだろう。

　次に、家庭生活においては、障害者になったことによって、食事や入浴という日
常生活動作の仕方を変えていかなければならないし、移動のための車いすの使用方
法や、それを使った生活の方法も学修する必要がある。さらに、家庭生活では、家
事に関しては、ホームヘルパーを申し込んで、その時に何と何を自分でするのかを
考える。これは、ヘルパーと新しい人間関係を作ることを意味している。また、他
の家族員との関係も考える必要がある。これまでできていたことができなくなるの
で、それを配偶者や子どもに代わってもらうことになるため、家族への協力を求
め、交渉していく必要がある。

　これらの活動は、様々な条件や場合を想定した観念的なリハーサルによる熟考の
もとに、具体的な生活の目標（実現可能な世界像）が定められていき、病気で障害
者になる前の生活と「よさ」の点で同じ生活の実現が試みられるわけである。

　しかしながら、多くの場合、クライエントである障害者の女性は、そこで考え出したような生活が現実の様々な条件の制約を受けて実現が不可能だと理解するだろう。クライエントは、今までそのような生活を意味づけていた信条や人生観を変えることによって、実現可能性の高い生活に新たな意味を見出していくことになる。

　以上、障害者となった女性のクライエントの例から課題と対処の問題解決のための活動を見てきたが、先述のとおり1つひとつ順を追って行われたり、1つだけに偏って用いられるものではなく、これらのもの全部を総体として用いる必要がある。

　問題解決のための活動を総体として一体的に行うためには、それらの活動をまとめ、方向づけるために中心となる機能を必要とする。伝統的なソーシャルワークでは、問題解決活動の中心的な機能をそのワーカーが持っているものの見方、考え方に置いている。その意味で生活問題とは、今までの経験や常識が持っているものの見方や考え方では、問題の輪郭が描けないし、たとえ描けたとしても適切な課題を見出すことができないだろう。

　したがって、問題の輪郭を描き、課題を明らかにしていくというのがソーシャルワークの援助活動の中心になるであろう。

　そのようなことを可能にするような新しいものの見方や考え方を身につけることは、クライエントという存在を超えて自分の人格を成長させることにつながるであろう。生活という社会福祉のキーワードは、ソーシャルワークにおいては、生活というものを基本にして、新しい生き方というものを作っていくことを意味する。ある出来事が起こったために、人は対処していくわけであるが、その対処の結果として、生きる意欲が高まったり、人間関係がより深まり、広がっていくということが「自分」の維持・成長していることなのである。

IX　おわりに

　本稿では、ソーシャルワークの援助の場面で見られるクライエントの問題解決活動を観察し、それを5つの過程に分けて検討した。それらの過程における活動は、個々別々に用いられるものではない。全体として問題解決に向けて動員されて初めて問題を解決することができる。

　ソーシャルワークは、人の生活困難を、当の本人に働きかけて解決（あるいは緩和）する活動である。その援助活動（その活動の有用性）は、「生活困難にある」人が自分の問題に対して行う解決行動（対処）に対するものになる。

　人は、生活の営み手であって、自分の生活困難を自分で解決しようとするものであることを認め、それを尊重することが重要である。問題解決活動は、この人の行う解決行動（対処）に有用性のあるものでなければならないだろう。まさに、繰り返すが、生活というものを基本にした新しい生き方というものを作っていくことである。

　最後に、ソーシャルワークの援助におけるクライエントの問題解決には、5つの過程があると説明をしたが、この過程にクライエントも参加しながら、ソーシャルワーカーと話し合っていることが、新しい生き方というものを作っていく過程なので、それが楽しいということでなければならないであろう。そしてソーシャルワーカーとの話し合いの中で、クライエントが承認され、快適な体験をできることが重要なのではないだろうか。

【注】
(1)　ソーシャルワークの概念の中で、特にアセスメントという用語に関する限り、その経験的内容がそれほど豊富ではない。アセスメントは、利用者と環境に関する情報に基づき、利用者の生活問題の特性と利用者ニーズの理解を通して、支援の方向性を定める専門的認識過程である。またそれは、ソーシャルワーカーの業務展開において要となる重要な技術であり、適切なアセスメントができるか否かによって支援の結果が左右され、それが利用者利益に反映されるものである。アセスメントにおいて必要な「情報」は多岐にわたるが、以下のように整理することができる。①利用者のニーズ及び問題特性（何が生じているのか、緊急性はどの程度か）、②利用者に関する「生理学的（医学的）」「心理的・情緒的」「社会的」状況。③利用者を取り巻く環境（家族や集団、地域、社会）に関する情報。
(2)　ソーシャルワークの理論的基盤は、社会福祉学にある。そして、ソーシャルワーカーが業務を展開するうえで、様々なソーシャルワークの実践理論（モデル）を活用することが求められる。理論は、ソーシャルワーカーが対峙する複雑かつ曖昧な現象を、一定の枠組みに基づいて捉え直し、再構成することを助け、ソーシャルワークの目的に沿った方向性を示している。これまで、多くのソーシャルワークの実践理論とその理論に基づくアプローチが開発されてきたが、以下に代表的な実践理論・アプローチを挙げる。①エコロジカル（生態学）理論・アプローチ、②ストレングス理論・アプローチ、③問題解決理論・アプローチ、④課題中心理論・アプローチ、⑤危機介入理論・アプローチ、⑥認知行動理論・アプローチ、⑦エンパワメント理論・アプローチ、

⑧ナラティブ理論・アプローチ、⑨システム理論・アプローチ、⑩ソーシャルサポート理論・アプローチ。

(3) メタ・クリティークの概念装置については、拙論「社会福祉学と二元論」（丸岡 2013：31）で以下の全体図を示した。

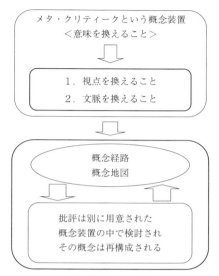

「概念装置」の全体図

(4) すなわち「援助とは、他者の価値実現を促進する働きをもつ人間活動で」（船曳 1993：61）ある。国家や援助者側が定めた価値を他者に実現することではない。ここが社会問題が社会政策（福祉サービス）として実現するときのクリティークの焦点になる。「規範科学的な方法によって他者について実現すべき理念を構築することをめざすということは、学問の方法が実践の方法を裏切っていることだと考えます」（船曳 1993：62）というクリティークを避けて通れるものではない。特にこの核心は、規範科学を担う福祉哲学や思想、社会福祉政策の価値観点を内包した論点への批判を解消する道筋が残されている（丸岡 2018：87）。

(5) ソーシャルワークは、生活＝人生困難の「原因」は人の制御の及ばない「外部」にあるのに、「当のその人」に働きかけて解決を迫るのである。形式的・理論的に、これは「無理難題」であった。それがあからさまになったのが、インスティテューショナリズム（施設病）だった。施設におけるメタ・クリティークは、拙論「レジデンシャルケアのメタ・クリティーク」（丸岡 2019）に詳しく説明がある。

(6) このクライエントの側からの問題解決行動も、社会福祉における問題解決の必然となるものである。援助というのは、「他者が何らかの価値ある事態を実現しようとして、現実のなかに目的を設定し、行動系列を案出し、それを実行していく過程を促進するのが援助というものである」（船曳 1993：61）である。

【引用文献】

船曳宏保（1993）『社会福祉学の構想』新評論。

丸岡利則（2019）「第 7 章　レジデンシャル・ケアのメタ・クリティーク―社会福祉学の知識Ⅳ―」『地域創造研究叢書 No. 32　高齢社会の健康と福祉のエッセンス』pp. 66-124。

丸岡利則（2018）「社会福祉学の知識Ⅲ―対象論のメタ・クリティーク―」『東邦学誌』第 47 巻第 2 号、pp. 79-99。

丸岡利則（2013）「社会福祉学と二元論―メタ・クリティークという概念装置―」『高知県立大学紀要社会福祉学部編』第 62 巻、pp. 27-42。

第2章　高齢地域福祉

馬　利中

I　はじめに

　高齢社会は人類未踏の社会であり、「すべての世代のための社会をめざして」取り組むことが高齢者福祉の課題である。高齢者ケアの基本視点は、人権、尊厳、自立支援である。21世紀の幕開けとともに、日本の高齢者福祉は、新たな改革が行われてきた。介護保険制度の創設などを含めて社会保障構造改革を行い、福祉サービスの効率化を進め、制度全般の見直しを進めている。これから中国、韓国、シンガポール、タイなどのアジア諸国の急激な高齢化の進展も予想される。高齢社会にふさわしい福祉・社会保障システムの構築は各国の課題である。急激に高齢化が進展した日本の「高齢地域福祉」の取り組みに対して、各国が関心を寄せている。

　現在の日本の高齢者福祉は、高齢者が住み慣れた地域社会の中で自立した生活を維持できるような「福祉コミュニティ」の構築を目的としたものであり、決してかつての伝統的地域社会をそのまま復活しようとしているものではない。このような日本型福祉モデルは、意図したものではないが、開発途上国の社会保障の枠組みとして世界銀行が提唱するモデルと一致する部分が大きい[1]。「高齢地域福祉」の構築は、アジア、ヨーロッパを問わず、世界の国々が「文明互鑑」という理念のもとで、自分の文化を大切にしながらも互いの成功や失敗例に学び、知識や経験を共有することが大切である。そこで、「高齢地域福祉」における法的整備が進み、既に地方自治体レベルで実施され、大きな成果をあげつつある日本型モデルの理念、経緯、内容とその特性などを取りまとめ、アジア諸国の地域福祉を進める上で参考になる部分が大きいと考えられる。

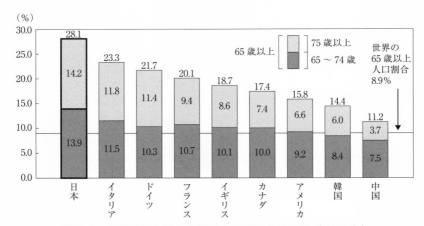

図 2-1　主要国における高齢者人口の割合の比較（2018 年）

資料：日本の値は、「人口推計」、他国は、*World Population Prospects: The 2017 Revision*（United Nations）
（注）日本は、9 月 15 日現在、他国は、7 月 1 日現在
（出所）総務省統計局

Ⅱ　高齢社会と高齢者福祉の理念

1　日本の高齢社会

　日本の高齢化のスピードは世界一で、総務省統計局が発表した世界各国の高齢化率のランキングによると、2018 年、日本の高齢者人口の割合（28.1％）はダントツ世界 1 位で、2 位のイタリア（23.3％）を大きく上回った[2]（図 2-1）。65 歳以上人口の総人口に占める割合は 1970 年に 7％を超え、国連の決める「高齢化社会」の水準になったが、24 年後の 1994 年には 14％を超え、「高齢社会」に突入、2007 年には 21.5％になり、「超高齢社会」に入った。高齢化率の上昇は単に死亡率の低下により平均寿命が延びただけではなく、主は出生率の低下がもたらすものである。厚生労働省「平成 30 年簡易生命表」によると、日本の平均寿命も世界最長で、男81.25 歳、女性 87.32 歳である。「2025 年問題」といった話題がいま盛んになっている。つまり 2025 年から団塊の世代すべてが 75 歳以上となり、全人口の 5 人に 1 人を占めるようになり、いま現在よりもさらに少子高齢化が進むことにより、医療費などの社会保障費が増えることや認知症、要介護者の人数が増えることなどが懸

念されている。2050 年までの動向をみると、日本の高齢化率は 40％近くへとさらに上昇するであろう。

2　高齢者福祉の理念

　日本の「老人福祉法」は 1963（昭和 38）年に高齢者や核家族の増加など社会状況の変化の中で、「救貧対策が中心であった老人福祉施策から、特別養護老人ホームの設置など」への転換のために、制定された。「老人福祉法」の目的は「老人の福祉に関する原理を明らかにするとともに、老人に対し、その心身の健康の保持及び生活の安定のために必要な措置を講じ、もって老人の福祉を図ること」（1 条）。1972（昭和 47 年）の老人福祉法改正により、老人医療施策として老人医療費の無料化が盛り込まれたが、1982（昭和 57 年）、老人保健法が制定され、一部自己負担が導入された。

　「社会福祉法」（2000 年改正）では、その 3 条に、個人の尊厳保持と健やかな育成、自立の支援を謳い、良質で適切なものであることを福祉サービスの基本理念として述べている。高齢者福祉の理念は、「老人福祉法」では、高齢者は社会の進展に寄与してきた者として、また豊富な知識と経験を有する者として敬愛され、生きがいを持てる健全で安らかな生活を保障されるものである（2 条）。また高齢者には、心身の変化の自覚と健康の保持に努めて、知識と経験を活用して、社会的活動への参加の努力が求められる。さらに、希望と能力に応じ仕事に従事する機会や社会的活動に参加する機会を与えられる（3 条）と書かれてある。

3　高齢者福祉制度の関係内容

　「老人福祉法」が制定される以前の日本の高齢者福祉施策は、生活保護法に基づく養老施設への収容保護が中心だったが、1963 年（昭和 38）に高齢者の心身の健康の保持や生活の安定を目的として老人福祉法が制定された。1970 年代半ばまでは施設の整備に重点が置かれていたが、以降、在宅福祉への認識が高まり、在宅・地域福祉施策の充実が図られるようになった。1990（平成 2）年には、老人福祉法の一部が改正され、福祉サービスは住民に身近な市区町村において実施することを基本とする体制が整備された。また、1990 年代に入り、急速に高齢化が進展するとともに、認知症の高齢者が増加する一方、核家族化により、家族の介護機能が低下し、高齢者の介護が社会的な問題となってきたことから、高齢者介護を社会全体

で支える仕組みとして、1997（平成9）年、介護保険法が制定され、2000（平成12）年4月から施行された。

　高齢者福祉の内容としては、在宅福祉、施設福祉、老人福祉施設、住宅施策と就労支援などがある。老人福祉法に基づく（1）居宅サービス、（2）施設サービスと（3）その他のサービスがある。（1）居宅サービスには、①訪問介護（ホームヘルプサービス）等事業、②短期入所生活介護（ショートステイ）事業、認知症対応型老人共同生活援助（グループホーム）事業、③デイサービス（日帰り介護）事業、④小規模多機能型居宅介護事業、⑤複合型サービス福祉事業という項目がある。（2）施設サービスには、①養護老人ホーム、②軽費老人ホーム、③特別養護老人ホーム、④有料老人ホームという項目がある。（3）その他のサービスには、①老人福祉センター、②老人介護支援センターという項目がある。施設福祉は、建物や設備だけでなく、介護技術や知識、情報などもふくめ、地域に開かれた社会資源である。地域福祉の拠点として、地域住民が積極的に参加することにより、地域生活のありかたを連続的・継続的・総合的に考えられるようになり、地域福祉が発展していく。

　高齢者に配慮して住宅の整備や改修は単に「住宅施策」として進めるだけではなく、福祉施策でもある。その内容は、①住宅改善改修相談・助言事業、②実際の改善に関わる費用の助成、③住宅の供給ならびに優先入居の大きく三つに分けられ、高齢者住まい法に基づくサービスはサービス付き高齢者向け住宅がある。「就労支援」サービスには、①定年年齢の引き上げと継続雇用、②再就職援助・促進、③多様な社会参加の促進などの事業がある。

Ⅲ　「地域福祉」をキーワードとする高齢者施策

1　地域福祉の動向

　現在の日本の高齢者福祉は、高齢者が住み慣れた地域社会の中で自立した生活を維持できるような「福祉コミュニティ」の構築を目的としたものであり、その「地域福祉」は法的整備が進み、地方自治体レベルで実施され、大きな成果をあげつつある。その意味で、日本の経験は今後のアジア各国の社会保障政策の構築に寄与するところが大きいと考えられる。

　「地域福祉」という概念は日本では概ね第二次世界大戦後から認識されるようになった。1951年に全国社会福祉協議会（全社協）、次いで自治体に社会福祉協議会

が設置された。全社協は 1962 年に「社会福祉協議会基本要項」を策定し、コミュニティー・オーガニゼーション（CO）の手法をもって地域社会の福祉の統合化を進めること、住民主体原則に基づく福祉計画の策定などを社協の責務とした。1970 年代の「福祉見直し論」と 1980 年代の「地方分権化」を経て、特に 1990 年の「福祉関係 8 法」および「社会事業法」の改正と、1997 年に成立し 2000 年から施行された「介護保険法」、2000 年に改正された「社会福祉法」、そして 2000 年以降の社会福祉基礎改造改革をうけて、今日の日本的地域福祉の転換が推進されることとなった。

　日本政府のガイドラインの中で、地方自治体が「地域福祉」を計画し実施するものであるが、福祉の担い手の多様化の中で、市町村独自の生活支援プログラム、社協およびその他の民間非営利団体が提供する福祉サービス、さらには民間営利団体が有料で提供するサービスなどの重要性が増しつつある。

　高齢化が進展する日本では、「地域福祉」をキーワードとして高齢化に関する施策が進行中である。日本の地域福祉はもはや理念の段階ではなく、法的裏付けをもって組織的に進んでいる（図 2-2）。

　「地域福祉」とは、それぞれの地域において人びとが安心して暮らせるよう、地域住民や公私の社会福祉関係者がお互いに協力して地域社会の福祉課題の解決に取り組む考え方である。「住民が地域社会において自立した生活を営むことを可能にするために必要な①福祉と保健・医療等のサービス整備、②福祉の増進・予防、③福祉の環境の整備、④住民参加の福祉活動の支援、⑤福祉の保健・医療サービスの総合化、などを行い、これらの活動をとおして福祉コミュニティの形成を目指す福祉活動の総体をいう」（「地域福祉論」鈴木五郎著、全社協）[3]。つまり、地域で誰もが自立し豊かに生活していくために必要な試験を総合的に行っていくこと、さまざまな福祉サービスと住民主体の福祉活動をうまく組み合わせて、色んな意味で地域における "公" と "民" との横のつながりとしてのネットワークを深めながら福祉コミュニティづくりを目指していくことである。

　「社会福祉法」は、地域住民、社会福祉関係者等が相互に協力して地域福祉の推進に努めるよう定めている。福祉サービスを必要とする人たちが地域社会を構成する一員として日常生活を営み、そして社会、経済、文化に限らずあらゆる分野の活動に参加する機会を得ることができるよう、地域福祉を推進することの重要性が法に明記されたことは、これからの社会福祉の方向性をあらためて示したものと言える（図 2-3）。

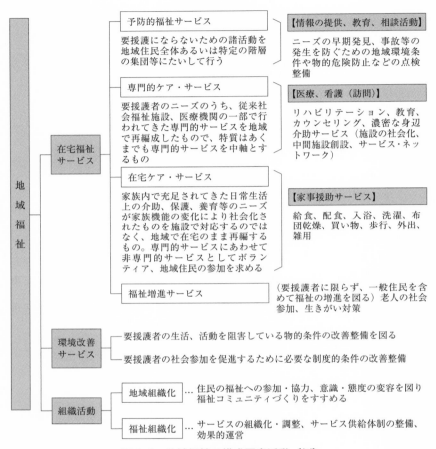

図 2-2　地域福祉の構成要素活動〔例〕

（出所）永田幹夫『改訂二版　地域福祉論』全国社会福祉協議会、2000 年

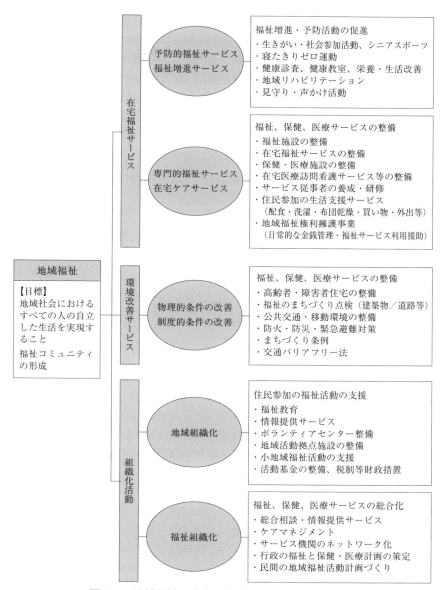

図 2-3　地域福祉の内容・体系と取り組み内容〔例〕

（出所）永田幹夫『改訂二版　地域福祉論』全国社会福祉協議会、2000 年

2　「地域福祉」における高齢者施策

　1970年代に入り、日本に高齢化社会が到来する。それに伴う要介護者が多くなるなどの社会問題として浮上する。老人福祉に対する一般的関心が高まるのもこの時期であり、老人医療無料化や年金の物価スライドが実施された1973年は「福祉元年」と言われた。1973年中央社会福祉審議会による答申「コミュニティ形成と社会福祉」は、特に社会福祉の領域で地域福祉の必要性に関する問題意識を反映したものであった。そこでは、施設ケアと在宅ケアの関連を明らかにし、両者を含んだ専門ケア体系としてのコミュニティ形成の必要性を指摘されたのである。

　高齢者に対するホームヘルプサービスや福祉施設の利用等、具体的なサービスの多くは2000（平成12）年に導入された介護保険制度のもとで実施されている。介護保険制度は国民生活への定着が進み、高齢期の生活を支えるためにはなくてはならないサービスとなった。利用者数も増加の一途をたどっており、今後も国民の医療・介護の需要が増加することが見込まれている。このため日本では、団塊の世代が75歳以上となる2025年を目途に、「地域包括ケアシステム」の構築を目指して各種施策を推進している。

　老人福祉法や介護保険制度のほかにも、さまざまな法律や制度が高齢者の安心・安全な地域生活を支えている。後期高齢者医療制度を定めた「高齢者の医療の確保に関する法律」や「福祉用具法」（福祉用具の研究開発及び普及の促進に関する法律）等、「バリアフリー法」（高齢者、障害者等の移動等の円滑化の促進に関する法律）、認知症高齢者の権利侵害を予防するための成年後見制度や社会福祉協議会による「日常生活自立支援事業」がある。また、2006（平成18）年には「高齢者虐待防止法」（高齢者虐待の防止、高齢者の養護者に対する支援等に関する法律）が施行され、要介護施設従事者や養護者等による高齢者虐待の防止や早期発見に向けて、取り組みが進められている。そのほか、地域社会全体の見守りをはじめとする「支え合い」や「助け合い」、インフォーマルなサービスの充実も重要視されるようになっている。介護保険制度においても、市町村が主体でありながら、多様な担い手による介護予防・生活支援サービスの充実を図りつつ、支え合い、助け合う地域社会づくりを目指して取り組みが進められている。

　日本政府は現在、少子高齢化に対処すべく一億総活躍社会づくりを推進しているが、福祉分野におけるパラダイムの転換をめざして「地域共生社会」を掲げ、その実現に向けて検討を始めている。地域共生社会は、「子供・高齢者・障害者など全

ての人々が地域、暮らし、生きがいを共に創り、高め合うことができる」社会であるとされている(4)。

Ⅳ 高齢者保健福祉を進めた施策の流れ

1 「高齢者保健福祉推進十カ年戦略（ゴールドプラン）」策定（1989 年）

　ゴールドプランは 1990 ～ 1999 年の 10 年間にわたって、長寿・福祉社会を実現するための施策の基本的考え方と目標を掲げ、高齢者介護の全国的な基盤を整備し、急激に進む高齢化社会に対応する目的で策定された。その主な内容は、①在宅福祉と施設福祉についての 10 年間の整備目標値を掲げた。②老人福祉事業の運営主体が市町村に一本化された。③老人保健福祉計画の策定により、ゴールドプランの完全実施を目指した。ゴールドプランを推進するため、1990 年に社会福祉関係 8 法の改正が行われたが、日本では、はじめて高齢者保健福祉計画が、各都道府県・市町村で地域における総合的なケアシステムの確立などをめざして作成されるようになった。

2 「新・高齢者保健福祉推進 10 か年戦略（新ゴールドプラン）」策定（1994 年）

　高齢化が予想よりも急速に進んだため、ゴールドプランの後半 5 年分が見直された。また、1997 年の「介護保険法」成立に向け、在宅介護の強化を目指し、ホームヘルパーの確保、訪問看護ステーションの確保など、介護基盤の一層の充実が目指された。介護の基本理念として、以下が提唱されている。①利用者本位・自立支援、②普遍主義、③総合的サービスの提供、④地域主義。この新ゴールドプランを受けて、1997 年に介護保険法が成立している。

3 「今後 5 か年の高齢者保健福祉施策の方向（ゴールドプラン 21）」策定（1999 年）

　2000 年に施行される介護保険制度に向けて発表された計画。高齢者が「健康で生きがいをもって社会参加できる社会」をうたっている。ゴールドプラン 21 では、介護予防が重視され、介護基盤を中心に、高齢者福祉施策の充実を図ろうとしている。その基本的な方向として、①活力ある高齢者像の構築、②高齢者の尊厳の確保と自立支援、③支え合う地域社会の形成、④利用者から信頼される介護サービスの確立、が示された。具体的な施策としては、①介護サービス基盤の整備、②認知症

高齢者支援対策の推進、③元気高齢者づくり対策の推進、④地域生活支援体制の整備、⑤利用者保護と信頼できる介護サービスの育成、⑥高齢者の保健福祉を支える社会的基礎の確立などが示されている。

4　「2015年の高齢者介護」対策策定（2003年）

　「2015年の高齢者介護」の全称は、「2015年の高齢者介護～高齢者の尊厳を支えるケアの確立に向けて～」である。その施策は、介護保険施行から3年が経過した時点での実施状況をふまえた検証を行ったうえで、「戦後のベビーブーム世代（団塊の世代）」が65歳以上に到達する2015年までに実現すべきことを念頭に置いて、中長期的な視点で対策を検討された。特に介護予防の充実が強調された。そして、地域包括ケアが機能するためには、関係者の連絡調整、サービスのコーディネートの役割を担う機関が必要であるとして在宅介護支援センター等の強化を求めた。この後、2005年、2008年と2011年に介護保険法が改正されている。2011年の改正では、地域包括ケアシステムの視点が示されており、この「2015年の高齢者介護」による影響があると示されている。

5　「認知症施策推進5か年計画（オレンジプラン）」策定（2013年）

　オレンジプランは、2012年に厚労省が公表した「今後の認知症施策の方向性について」や、認知症高齢者数の将来推計などに基づいて、今後5か年の計画をまとめたものだ。標準的な認知症の状態に応じた適切なサービス提供の流れ（認知症ケアパス）を作成し、普及させること、地域での生活を支える医療・介護サービスを構築することなどが盛り込まれた。また、本人・家族を支援するため、認知症カフェの普及を目指した。認知症カフェは、認知症の当事者・家族・地域住民が集い、情報交換などを行うピア・サポート的な場である。2014年の介護保険の改正では、地域包括ケアシステムの構築についての視点が示され、このオレンジプランの影響を受けている。

6　地域医療・介護総合確保推進法（2014年）

　「地域における医療及び介護の総合的な確保を推進するための関係法律の整備等に関する法律」（通称「地域医療・介護総合確保推進法」）では、団塊の世代が2025年に75歳以上の後期高齢者に到達する、いわゆる「2025年問題」に向けて、医療や

介護を必要とする後期高齢者が急増するため、新たな基金の創設、地域における効率的かつ効果的な医療適用体制の確保、地域包括ケアシステムの構築と費用負担の公平化等が定められた。

7　「認知症施策推進総合戦略（新オレンジプラン）」策定（2015 年）

　新オレンジプランは「2025 年問題」に向けて、オレンジプランを改定したもので、その主な内容は、①認知症への理解を深めるための普及・啓発、②若年性認知症施策の強化、③家族・介護者への支援、④認知症の人も含めた地域づくりの推進などが挙げられた。

V　介護保険制度と介護保険法の改正について

1　介護保険制度の実施（2000 年）

　高齢化に伴い、介護を必要とする方の増加が見込まれているが、少子化・核家族化などにより、家族だけで介護を支えることは困難な状況にある。こうした状況を背景に、「介護保険制度」は、介護を必要とする状態になっても安心して生活が送れるよう、介護を社会全体で支えることを目的として、2000（平成 12）年 4 月からスタートしたものである。その仕組みは、加入者が保険料を出し合い、介護が必要なときに認定を受けて、必要な介護サービスを利用することである。介護保険の実施主体は市町村で、保険料と公費を財源として、介護保険事業を運営している。介護保険の加入者（被保険者）は、年齢により第 1 号被保険者（65 歳以上の方）と第 2号被保険者（40 歳〜 64 歳の方で医療保険に加入されている方）に区分されている。第 1 号被保険者の方は原因を問わず、第 2 号被保険者の方は、加齢による病気（特定疾病）が原因で介護や支援が必要になった場合に、要介護認定を受けて、それぞれの要介護状態に応じたサービスを利用することができる。第 1 号被保険者は、年金からの天引きや直接保険者に納付する方法で定額の保険料を納付する。第 2 号被保険者は、国民健康保険料や職場の健康保険料などと一緒に納付する。

　介護保険で受けられるサービスは、大きく分けて施設サービスと居宅サービスに分かれ、2006（平成 18）年 4 月からは、介護予防サービスなどが新たに加わった。施設サービスには、介護老人福祉施設（特養）、介護老人保健施設と介護療養型医療施設がある。居宅サービスには、①自宅を訪問してもらって受けるサービス：訪

間介護（ホームヘルプサービス）、夜間対応型訪問介護、訪問看護、訪問入浴介護、訪問リハビリテーション、居宅療養管理指導、②日帰りで施設・事業所に通って受けるサービス：通所介護（デイサービス）、認知症対応型通所介護、通所リハビリテーション（デイケア）、③家庭で介護が一時的に困難になったときに施設で受けるサービス：短期入所生活介護（ショートステイ）、短期入所療養介護、④福祉用具等のサービス：福祉用具の貸与（レンタル）、福祉用具の購入、住宅の改修、⑤その他のサービス：認知症対応型共同生活介護（グループホーム）、特定施設入居者生活介護、小規模多機能型居宅介護、がある。サービスを利用したときの負担は、原則介護サービス費用の 1 割である。施設サービスを利用した場合は食費と居住費が自己負担となる。当然、所得状況により利用者負担の減免制度もある。

　介護サービスを利用しようとするときには、所定の申請、要介護認定調査・審査、介護サービス計画の作成などの手続きが必要。各サービス事業所においても、「介護サービス計画」の目的に従い、より詳細な「個別援助計画」が作成され、サービスを利用するひとりひとりに沿ったサービスが提供される。

2　介護保険法の改正ついて

　介護保険制度は原則として、3 年ごとに改正されることになっている。2005（平成 17）年の改正では主は地域支援事業、地域密着型サービス、地域包括支援センターの創設である。2008（平成 20）年の改正では、すべての介護サービス事業者は、法令遵守責任者を選任しなければならないとした。2011（平成 23）年の改正では地域包括ケアシステムの視点が示されたが、そのほか、地域密着サービスに 24 時間対応の定期巡回・随時対応型訪問介護看護、複合型サービスが創設、地域支援事業に介護予防・日常生活支援総合事業が創設された。2014（平成 26）年の改正では、「2025 年問題」に対応するため、新たな基金の創設と医療・介護の連携強化、効率的かつ質の高い医療提供体制・地域包括ケアシステムの構築、費用負担の公平化を目指して、地域における医療及び介護の総合的な確保を推進するための関係法律の整備等に関する法律（地域医療・介護総合確保推進法）を整備した。

　2018（平成 30）年度の介護保険法改正は、「地域包括ケアの深化」と「制度の持続可能性を高めること」を柱として、改正案が検討された。その改正ポイントは、①自己負担額の見直し。これまでの介護保険の自己負担金額は、多くの方が 1 割負担だったが、2015（平成 27）年から一定の所得がある人は 2 割負担となった（2018

年8月より一部の利用者は3割負担になる）。②介護医療院の創設。2018年4月から、要介護者に対して「長期療養のための医療」と「日常生活上の世話（介護）」を一体にする、新たな介護保険施設「介護医療院」が創設される。③自治体にインセンティブ。2018年8月から、全市町村が自立支援・重度化予防の目標を記載し、介護予防を実施する。要介護状態の維持・改善度合いや地域ケア会議の開催状況などを実績評価し、それに応じて自治体に交付金が出される。④障害・高齢サービスを一体的に提供。介護サービスと障害福祉サービスを一体的に提供する「共生型サービス」を介護保険サービスの一類型として新たに創設する、などの内容がある（図2-4）。

Ⅵ　「2025年問題」を乗り越える介護・地域福祉のありかた

1　地域包括ケアシステムの構築

　団塊の世代（約800万人）が75歳以上となる2025年を目途に、重度な要介護状態となっても住み慣れた地域で自分らしい暮らしを人生の最後まで続けることができるよう、厚生労働省においては、医療・介護・予防・住まい・生活支援が包括的に確保される体制（地域包括ケアシステム）の構築を推進している。今後、認知症高齢者の増加が見込まれることから、認知症高齢者の地域での生活を支えるためにも、地域包括ケアシステムの構築が重要である。人口が横ばいで75歳以上人口が急増する大都市部、75歳以上人口の増加は緩やかだが人口は減少する町村部等、高齢化の進展状況には大きな地域差が生じている。地域包括ケアシステムは、保険者である市町村や都道府県が、地域の自主性や主体性に基づき、地域の特性に応じて作り上げていく必要がある。

　地域包括ケアシステムの5つの構成要素（住まい・医療・介護・予防・生活支援）をより詳しく、またこれらの要素が互いに連携しながら有機的な関係を担っている。地域における生活の基盤となる「住まい」「生活支援」をそれぞれ、植木鉢、土と捉え、専門的なサービスである「医療」「介護」「予防」を植物と捉えている。

　植木鉢・土のないところに植物を植えても育たないのと同様に、地域包括ケアシステムでは、高齢者のプライバシーと尊厳が十分に守られた「住まい」が提供され、その住まいにおいて安定した日常生活を送るための「生活支援・福祉サービス」があることが基本的な要素となる。そのような養分を含んだ土があればこそ初

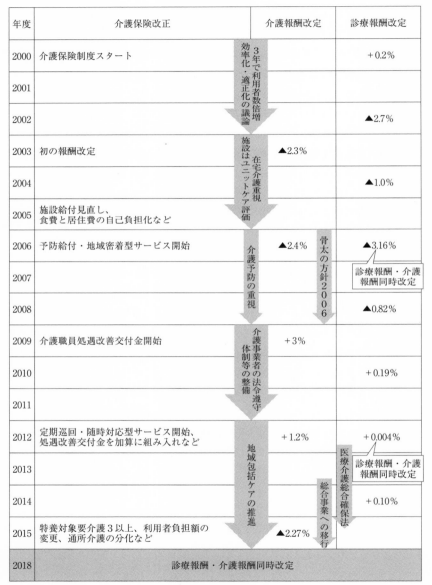

年度	介護保険改正		介護報酬改定		診療報酬改定	
2000	介護保険制度スタート	効率化・適正化の議論（3年で利用者数倍増）			+0.2%	
2001						
2002					▲2.7%	
2003	初の報酬改定	施設はユニットケア評価（在宅介護重視）	▲2.3%			
2004					▲1.0%	
2005	施設給付見直し、食費と居住費の自己負担化など					
2006	予防給付・地域密着型サービス開始	介護予防の重視	▲2.4%	骨太の方針2006	▲3.16%	診療報酬・介護報酬同時改定
2007						
2008					▲0.82%	
2009	介護職員処遇改善交付金開始	介護事業者の法令遵守（体制等の整備）	+3%			
2010					+0.19%	
2011						
2012	定期巡回・随時対応型サービス開始、処遇改善交付金を加算に組み入れなど	地域包括ケアの推進	+1.2%	医療介護総合確保法	+0.004%	診療報酬・介護報酬同時改定
2013						
2014				総合事業への移行	+0.10%	
2015	特養対象要介護3以上、利用者負担額の変更、通所介護の分化など		▲2.27%			
2018	診療報酬・介護報酬同時改定					

図 2-4　介護保険制度の改正および介護報酬・診療報酬改正年表

（出所）介護支援ブログ「介護保険制度の改正と介護報酬改正とは」（2016.8.25）より
　　　　http://www.kaigo-shien-blog.com/entry/2016/08/25/102937

めて、専門職による「医療・看護」「介護・リハビリテーション」「保健・予防」が効果的な役目を果たすものと考えられる。市町村では、3年ごとの介護保険事業計画の策定・実施を通じて、地域の自主性や主体性に基づき、地域の特性に応じた地域包括ケアシステムを構築していく。事業活動における管理業務を円滑に進める手法の一つは PDCA サイクルと言われるが、つまり、Plan（計画）→ Do（実行）→ Check（評価）→ Act（改善）の4段階を繰り返すことによって、業務を継続的に改善する。

2　「自助、互助、共助、公助」意識の樹立

　日本全国の地域で元気な高齢者が就業したり、助け合いの活動をしたりして生きがいを感じながら元気を分け合い、支え合う、そういう姿がお仕着せではなく自然な形でみられることが望まれる。介護のため仕事を辞めざるを得ず、閉じこもって暮らすうち介護者自身も疲れ切って病んでいく。そういう時代を過去のものにするため、国や地方自治体だけでなく、高齢者自身や家族、介護に関わるさまざまな立場の人々が知恵と力を出し合って、介護者だけに負担を負わさないことが、介護保険と「地域包括ケアシステム」の目指すところである。そのためには、「自助、互助、共助、公助」の意識が浸透していくことが理想目標とする必要がある。自助（自分自身のケア）：自分のことを自分でする、自らの健康管理（セルフケア）、市場サービスの購入。互助（みんなの支え合い）：当事者団体による取り組み、高齢者によるボランティア・生きがい就労、ボランティア活動、住民組織の活動、ボランティア・住民組織の活動への公的支援。共助（介護保険や医療保険などのサービス）：ディサービスやヘルパー、診療所での受診など社会保険制度によるサービス。公助（行政による支援）：一般財源による高齢者、福祉事業等生活保護、人権擁護・虐待対策。

　地域での暮らしは、まず自分のことは自分で行い、健康管理しながら家族で、あるいは一人で自立した生活を維持する「自助」が基本である。また地域で生活していくためには人々との協力が必要で、声かけやちょっとした手助けに始まり、ボランティアや住民活動も含めた「互助」が求められる。そして「共助」とは介護保険などの社会保険制度を指す。同じリスクに面した者同士、保険の仕組みを用いて社会全体で助け合おうということ。最後に「公助」とは、公的な社会福祉や生活保護であり、主に租税を財源とするものである。このように私たちの生活はさまざまな

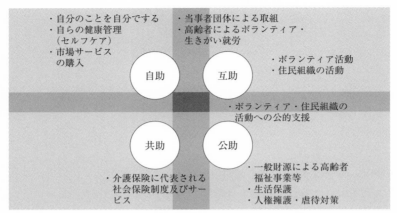

図 2-5　「自助・互助・共助・公助」からみた地域包括ケアシステム
（出所）厚生労働省「地域包括ケアシステムと地域マネジメント」より

「助け」によって重層的に支えられている。またそれぞれは相互に独立しているものではなく、例えば「共助」や「公助」の部分を減らせば、「自助」や「互助」で賄わなければならない部分が増えるという関係にある。したがって、これらをどのように組み合わせていくべきなのか、公平、公正、自由、平等などさまざまな角度から考えていく必要がある（図 2-5）。

3　「地域包括支援センター」の充実について

「地域包括支援センター」は、地域の高齢者の総合相談、権利擁護や地域の支援体制づくり、介護予防の必要な援助などを行い、高齢者の保健医療の向上及び福祉の増進を包括的に支援することを目的とし、地域包括ケア実現に向けた中核的な機関として市町村が設置している。地域包括ケアシステムを構築するためには、高齢者個人に対する支援の充実と、それを支える社会基盤の整備とを同時に進めることが重要で、厚生労働省は、これを実現していく手法として「地域ケア会議」を推進している。医療と介護の連携が強調されている。疾病を抱えても、自宅等の住み慣れた生活の場で療養し、自分らしい生活を続けられるためには、地域における医療・介護の関係機関が連携して、包括的かつ継続的な在宅医療・介護の提供を行うことが必要。厚生労働省においては、関係機関が連携し、多職種協働により在宅医療・介護を一体的に提供できる体制を構築するための取り組みを推進している。生

活支援サービスの充実と高齢者の社会参加を促進するため、これから認知症高齢者や単身高齢世帯等の増加に伴い、在宅生活を継続するための日常的な生活支援（配食・見守り等）を必要とする方の増加が見込まれる。そのためには、行政サービスのみならず、NPO、ボランティア、民間企業等の多様な事業主体による重層的な支援体制を構築することが求められるが、同時に、高齢者の社会参加をより一層推進することを通じて、元気な高齢者が生活支援の担い手として活躍するなど、高齢者が社会的役割をもつことで、生きがいや介護予防にもつなげる取り組みが重要である。

Ⅶ　中国の「高齢地域福祉」をめぐる日中の協力関係

1　中国の高齢化と「高齢地域福祉」について

　中国はいま日本と同様の人口変化を体験している。「一人っ子政策」が中国では約40年強力に推し進められてきた。そして「改革開放」政策のおかげで、急速な経済発展も遂げつつある。その一方で「未富先老（豊かになる前に高齢化する）」への懸念が高まっている。経済成長、出産意識の変化につれて、中国は既に高齢化が急速に進む段階に入っている。中国は2000年に高齢化率は7％になり、高齢化社会に突入した。2019年末現在、中国の60歳以上の人口は2億5,388万に達して、総人口の18.1％を占め、65歳以上の人口は1億7,603万に達して、高齢化率は12.6％になった。1950年代のベビーブーム時代に生まれた人々はいま高齢者人口増のピークを形成しており、その高齢者人口のほとんどは一人っ子の親である。その意味からいうと、中国の高齢化問題は一人っ子の親の問題ともいえる。いま、中国の世帯規模も小さくなりつつあり、1953年の4.33人からいまの3人になった。伝統的な親孝行の倫理に基づいて子供から世話を受けようとすると、一人っ子たちは、結婚した途端に4人の親とさらにその上の祖父母世代何人かを含めて世話しなければならないことになる。人口推計によれば、2050年ごろまでには、中国の高齢者人口は4億8,700万人のピークに達すると予想され、総人口の34.9％を占めるまでとなるだろう。「高齢地域福祉」制度とその対応策づくりが今急がれている。

　改革開放以前の中国では、国営企業が職場と生活の場を「単位」としてまとめて「福祉」の責任を持つ体制で、「揺籃から墓場まで」の責任を負ってきたが、改革開放以後、企業は競争力を高めるために、職場だけに責任を持つようにして、生活の

場は職場から切り離された。そこで生活の場は、「社区」（コミュニティ）として位
置づけられた。

　中国国務院の高齢者事業発展「第12次（2011-2015）」、「第13次（2016-2020）
五ヶ年計画」に盛り込まれた高齢者福祉サービス事業づくりに対する要求は、①社
区によるケアサービスを発展すること、②社区総合サービス施設や拠点を建設する
こと、③社区内での「医養結合」制度を構築することなどが挙げられる。社区によ
るケアサービスを発展することというのは、つまり、デイケアセンター、託老所、
「星光老年之家」（福祉宝くじの益金を使って整備が進められているプロジェクト）、相
互扶助式の高齢者施設を住宅地区建設計画に組み入れて、また、近い・便利・実用
的という原則に基づき、入居型、デイケア型、一時預かり等のコミュニティによる
高齢者向けサービスを展開していくとのことである。社区総合サービス施設や拠点
を建設することというのは、在宅養老サービス情報システムを構築し、関係情報プ
ラットフォームのモデルケースをしっかり実施し、徐々にその範囲を拡大して、そ
して在宅養老サービスの仲介組織を育成すること。在宅養老サービスプロジェクト
を開発させ、サービスモデルを刷新するよう、民間企業に指導・奨励する。そし
て、在宅介護サービス産業を発展するため、その分野を基本的な生活面のケアから
医療健康、補助器具、精神的ケア、法的サービス、緊急救助等に拡大していくとの
ことである。社区内で「医養結合（医療と介護の連携）」養老モデルを構築するとい
うのは、「医養結合」を原則として、末端の医療・衛生機関が管轄区内の65歳以
上の高齢者に健康カルテ制を構築し、健康管理サービスを提供することである。政
府の高齢者福祉に対する原則は、在宅養老とコミュニティの高齢者サービスネッ
トワークを健全化することである。上海市の場合は、高齢者福祉対策の柱として
「90・7・3計画」という数字が語られる。つまり、高齢者の90％に家庭での自立
した生活を、7％に社区（地域コミュニティ）による訪問介護・看護サービスの提供
を、3％に施設介護を提供することを目標としており、高齢者にはより自立した生
活を求めている。

2　日中の高齢福祉分野での合作交流する余地が大きい

　日本では、長期にわたる出生率の低下および長寿化などにより、歴史上例をみな
い急速なペースで少子高齢化が進展している。そして、人口減少により経済規模が
縮小する中で、社会保障費が増大している。一方中国でも、高齢化の進展で労働力

が減少し始め、年金の積み立て不足が深刻化、「留守老人」の介護を支える基盤が整っていないなど問題が多い。特に 1 人当たりの所得水準が十分に高まる前に高齢化が進む「未富先老」という危機意識が高まっている。このような少子高齢化は、今後アジア各国でも進展していくことが予測されており、地域の繁栄を揺るがす重大な問題になる。そのため、今後高齢化時代におけるアジア、特に経済的にも政治的にもこの地域の発展を担ってきた日中連携を強め、持続的な発展に向けた新たな協力関係を築いていくことが重要になるだろう。

　その交流研究のありかたとしては、①問題意識のもとで、学者を交えて「高齢地域福祉づくりにおける日中協力」をテーマに、中日の研究者、実務者の交流を進め、緊密な協力関係を築くとともに、その成果を学習交流会・シンポジウム開催や情報伝達等を通じて広く活用していくことが必要。中日学者と実務者はここ 30 年来、「高齢化と社会福祉」についての情報交換、合作研究など人的交流を行ってきたが、日本の経験知識・ありかたを参考にして、2018 年 1 月から中国型の介護保険制度の実施が、上海市、蘇州市、南通市、長春市、広州市、成都市など 15 のパイロット地域で導入された。時々の政治情勢に左右されない東アジア、ASEAN 諸国の学者同士による民間交流、知的交流が非常に大きな意味を持ち、相互交流学習もその重要な一翼を担っていると考える。②日中で互いの産業を高度化していく協力を進めることが必要であろう。高齢化問題は、社会保障の文脈では負債として取り扱われるが、同時にシルバー新産業の育成面からは資産とみなされている。実際のところ、中日両国の経済は、これまでになかった補完的部分が顕在化し始めている。中国では少子高齢化によって、ヘルスケア、介護、健康的な食などの分野における日本の設備などへの需要が増大しているが、日本では 2015 年に、急激な少子高齢化や医療技術の進歩など医療を取り巻く環境が大きく変化する中で、2035 年を見据えた健康先進国への政策のビジョンとその道筋を示す「保健医療 2035」が公表され、成長戦略における医療の国際展開のもと、新たな市場が中国を中心に創出される可能性がでてきている。また中国では、経済成長率が高成長から中高成長に移行し始めている「新常態」で、経済の量的拡大よりも質の向上を重視した産業構造の高度化を図り、さらに安価な人件費に基づいた生産性から、イノベーションによる生産性の向上へと切り替えようとしているが、この分野でも両国の関係が拡大していく可能性は十分にあるだろう。日本政府は「アジア健康構想に向けた基本方針」（平成 28 年 7 月 29 日健康・医療戦略推進本部決定、平成 30 年 7 月 25 日改定）に

基づき、高齢化という変化に対応し、人々が健康に立脚した各々の人生を送ること
ができる社会的・経済的に活力のある健康長寿社会をアジア地域全体として実現す
るための取り組みを積極的に推進している。それは、アジア諸国・地域同士の大き
な交流テーマだと思う。また、少子高齢化社会における社会保障制度や都市インフ
ラの整備、自由貿易協定を含む規制緩和の促進などについても協力を強化していく
ことが重要であろう。

　介護や高齢者向け消費財等の中国市場が立ち上がりつつある。長年培った事業ノ
ウハウをもつ一部の日系企業が中国市場への参入を始めている。これから、シル
バー産業分野で、中国企業と日本企業が連携協力できる5部分が大きいと思う。そ
の分野としては、（1）住宅・施設関連産業、（2）養老関係のソフトウェアと情報シ
ステム関連産業、（3）介護福祉士・ヘルパー養成関連産業、（4）福祉器械関連産
業、（5）包括ケアサービス関連産業、（6）文化活動（スポーツ・レジャー）関連産
業、（7）老年金融・保険関連産業、（8）家政とその他のサービス関連産業などが挙
げられるが、中国のその市場は今後60兆円規模になる見通しで、その分野での連
携は、日中に対してウインウインになることで、タイミングのよい協力のチャンス
だと思う。日中は少子高齢化分野での合作交流する余地が大きくて、戦略的互恵関
係の高台を目指し、シルバー産業における日中ビジネス関係の構築には意義が高い
といえよう。

Ⅷ　東アジア型福祉モデルの構築の必要性について

1　直面する高齢化の中で類似点が多いアジア諸国

　アジア諸国の65歳以上人口割合の推移をみると、アジア諸国全体で高齢化が進
行していくことがわかる。この中でも、日本は突出して高齢化が進んでいる。日本
の次に高齢化が進行している国として、韓国・シンガポール・中国などが挙げら
れ、約20年後に韓国とシンガポールが、約25年後にタイ、約30年後には中国が
現在の日本と同じ高齢化の水準に達する。その他の国も65歳以上の人口割合は右
肩上がりに上昇していくことが確認できる。

　アジアの国々が直面している高齢化の中で、幾つか東アジア、ASEANの特性
をもっている。第1は、低下に転じる生産年齢人口の比率。アジア各国は1970年
代以降、人口ボーナスの恩恵を受け、持続的な経済成長を実現してきたが、しか

し、出生率の低下などにより、アジアの生産年齢人口の比率は 2015 年をピークに、減少に転じることが見込まれている。日本では 2000 年から生産年齢人口比率が減少しており、中国では 2015 年から同比率が減少する見込み。ASEAN の国々は、2020 年ごろまでに同比率が減少に転じると予想されている。第 2 は、高齢化が速いペースで進んでいる。高齢化社会から高齢社会になるまでの期間を見ると、日本は、24 年という短い期間で、中国も 26 年間しかない。そのほかのアジア諸国を見ると、シンガポールでは 17 年、韓国では 18 年、タイでは 22 年など、日本以上のスピードと予想される。第 3 は、アジア全体で直面している高齢化は、その経済水準が先進国と比較して低い状態。アジアの中には、1 人当たり GDP がそれほど高くないまま人口ボーナスが終了した国が多いが、豊かさが十分に達成されていないうちに人口ボーナスが到来。中国の「未富先老」のような国がアジアで少なくない。第 4 は、アジアの国々には、高齢化の対応策づくりという課題には、経験が少ない国が多い。

2　アジア諸国の福祉づくりに示唆が多い日本の経験

　少子高齢化がアジアの国々でも急速に進行している。しかし、医療・年金・福祉制度の領域についても制度的対応が不十分な状態にあり、短期間に改善することは困難である。このまま適切な政策を講じていかなければ、少子高齢化によって、アジア全域を社会不安が覆う恐れがある。そのような選択肢の一つとして日本の「高齢者福祉」「地域福祉」の理念と実態を紹介したうえで、東アジア型福祉モデルの構築の可能性を検討することが必要である。

　「アジア共同体」システムの構築を考慮する際、東アジア型福祉モデルの必要性はさらに重要なテーマになると思われる。日本は、人口減少など先進国では経験したことのない段階に入っており、これを切り抜けるために、今後どのような妙案を打ち出せるのか。その対応や施策について世界中が注目している。同時に日本の「高齢者福祉」の経験は、アジア諸国にとって、問題解決への貢献を果たすことにもなる。東アジア諸国を欧米の国々と比べると、家族や地域共同体による相互扶助が一定の重要な役割を果たしてきたという点からいえば、アジアの社会福祉における日本の役割について注目しなければならない。これまで、日本が欧米など進んだ社会福祉制度や政策をモデルにしてきたように、アジア諸国においては、日本が経験した事例から多くの政策的示唆を取り入れている。日本は欧米と比べて、さまざ

まな分野を含め、特に短期間での高度経済成長の成功や高齢化のスピードの速さという面から、アジア諸国と共通点がみられる。したがって、日本の社会福祉制度ないし政策に対してその成功や失敗を客観的に評価し、アジア各国と必要な情報を共有することは重要である。こうした情報の共有化とともに、国家を超えた協力のためには東アジアの社会福祉に関心をもつ研究者、政策担当者と福祉従事者らがそれぞれのレベルで、より緊密な交流によって基本的なデータを共有することが重要である。こうした人的資源を総合して相互協力を深めるためには、制度的なレベルで超国家的組織のようなシステムづくりが必要である。東アジア型福祉モデルを成功させるためには、政治あるいは制度的レベルだけではなく、市民レベルでの「アジア市民福祉ネットワーク」を作り、コミュニケーションを拡大することによって理解や相互協力を求めることも重要である。

IX　おわりに

　高齢化が進展する日本では、「高齢地域福祉」をキーワードとして高齢化に関する施策が行われ、介護保険制度に基づくサービスに加え、地域独自の多様な福祉サービスを主体的に提供している。その地域福祉が目指しているのは、行政と地域住民、民間営利・非営利団体が連携しながら、地域社会の中で高齢者が自立した生活を維持できるような仕組みを構築するものである。そのような仕組みに対する参加は強制ではなく、自発的意思に基づくものである。

　日本を始めとして東アジア、さらに今後はアジアの多くの地域で速いスピードで少子高齢化が進行している。高齢化速度を欧米先進国とアジア諸国と比較すると、高齢化社会から高齢社会に至るのに欧米先進国は平均約 70-80 年も所要した一方で、アジアの場合は約 20 余年が予測されている。このように短期間に高齢化が進行することによって、社会保障を始め、社会に大きなインパクトを与えている。東アジア諸国が直面する高齢化には類似点があると同時に、社会・文化・政治・経済的特性などに多くの多様性が存在している。また、東アジア地域に共通でみられる儒教的価値観や家族制度において、国によってギャップもある。しかし、日本の福祉制度とその経験を参考にして、そして、東アジア諸国の特性を考ながら、「高齢地域福祉」制度の樹立、東アジア型福祉モデルを模索することが重要であると考えられる。

【注】

(1)　新田目夏実（2006）『アジアの高齢化と日本の地域福祉』国際協力機構（JICA）。
(2)　総務省統計局「統計からみた我が国の高齢者」統計トピックス No. 113。
(3)　『社会福祉学習双書』編集委員会編『地域福祉論—地域福祉の理論と方法—』全国社会福祉協議会、2012 年。
(4)　「ニッポン一億総活躍プラン」（平成 28 年 6 月 2 日、閣議決定）より。

【引用・参考文献】

愛知東邦大学地域創造研究所（2019）『高齢社会の健康と福祉のエッセンス』唯学書房。

エイジング総合研究センター（2010）『高齢社会の基礎知識』中央法規。

小川全夫　馬利中（2007）「上海市における地域福祉事情：官設民営の「健康福祉コンビニステーション」熊本学園大学『海外事情研究』第 40 巻第 2 号、2013 年 3 月。

三浦文夫（2007）『社会福祉エッセンス第 2 版』自由国民社。

コミュニティー・プロジェクト（2007）『介護・福祉事典』日本実業出版社。

新田目夏実（2006）『アジアの高齢化と日本の地域福祉』国際協力機構（JICA）。

内閣府『平成 30 年版 高齢社会白書』。

永田幹夫（2000）『改訂二版 地域福祉論』全国社会福祉協議会。

伊藤周平（2003）『社会福祉のゆくえを読む』大月書店。

太田貞司（2007）『新版 高齢者福祉論』光生館。

東京大学高齢社会総合研究機構（2017）『東大がつくった高齢社会の教科書』東京大学出版社。

松村直道（1998）『高齢者福祉の創造と地域福祉開発』勁草書房。

「ゴールドプラン・新ゴールドプラン、ゴールドプラン 21 ！高齢者福祉を進めた施策」、『介護ぷらす＋』http://www.kaigoplus.com/post/useful/news21。

石川実（1998）『現在家族の社会学—脱制度化時代のファミリースタディーズ—』有斐閣。

首相官邸「ニッポン一億総活躍プラン」（平成 28 年 6 月 2 日閣議決定）。

『人口統計資料集 2019』国立社会保障人口問題研究所。

エイジング総合研究センター（2001）『少子高齢化とライフサイクル変化の研究』中央法規。

高野和良（2018）「地域福祉課題への態度と地域福祉活動参加経験」九州大学人間環境学研究院『共生社会学』2018 年、第 9 号。

馬利中（2019）「中国の高齢化をめぐる日本及びアジアでの協力関係」山口県立大学『アジア社会論—アジア共同体での対話—』報告書 2019 年 10 月。

岡村重夫（1974）『地域福祉論』光生館。

倉沢進（2002）『地方自治政策 II　自治体・住民・地域社会』放送大学教育振興会。

国立社会保障・人口問題研究所（2003）『日本の市区町村別将来推計人口』厚生統計協会。

国立社会保障・人口問題研究所編（2001）「アジアと社会保障」『海外社会保障研究』No. 135。

沙銀華（2004）「アジアの社会保障研究」『海外社会保障研究』No. 148。

嵯峨座春夫（1996）「アジアの高齢者の生活」『季刊年金と雇用』第 14 巻第 4 号。

武川正悟編（2005）『地域福祉計画—ガバナンス時代の社会福祉計画—』有斐閣。

日本医療企画（2005）『介護ビジョン』2005 年 5 月。

広井良典・駒村康平編（2003）『アジアの社会保障』東京大学出版会。

増田雅暢（2004）『介護保険見直しへの提言 5 年目への課題と展望』法研。

三浦文雄（1980）「地域福祉の概念」永田幹夫編『地域福祉論』全国社会福祉協議会。

エイジング総合センター編（2000）『各国の高齢化状況と高齢社会対策』総務庁長官官房高齢社会対策室。

尹文九（2011）「アジアの人口変動と東アジア型福祉モデルの構築に関する研究」『東京福祉大学・大学院紀要』第 2 巻第 1 号、2011 年 8 月。

平野隆之（2008）『地域福祉推進の理論と方法』有斐閣。

牧里毎治ほか（2005）『社協ワーカーへの途』関西学院大学出版社。

松永俊文ほか（2002）『（新版）現代コミュニティワーク論—21 世紀、地域福祉をともに創る—』中央法規出版。

第Ⅱ部

高齢者の医療と看護

第3章　中国黒竜江省ハルビン市のある透析セン ターにおける透析患者の生活状況調査

李 冬冬・劉 鳳新

I　はじめに

　末期腎臓病（end stage renal disease, ESRD）は各種の腎臓疾患による腎臓機能の不可逆的衰退の末期状態であり、患者は腎臓代替治療（腎移植、血液透析と腹膜透析を含む）に依存して生命を維持する必要がある。中国の人口高齢化、糖尿病と高血圧などの疾患の発生率は年々高くなり、慢性腎不全の発生率も絶えず上昇し、全世界の発生率はすでに14.3％に達し、中国の疫学研究により、18歳以上の人の慢性腎不全発生率は10.8％である[(1)-(3)]。

　中国では、このような疾患に対して、医者はよく以下のような問題を患者に聞かれる。例えば、腎不全が治癒できるかどうか？　透析をしなくてもいいのか？　漢方薬を飲むと維持できるのか？　すべての医者の答えは、透析治療が必要だ！　もちろん、条件が許す場合には腎移植を選択することができるが、腎臓源が不足し、費用が高く、身体条件制限などの要素のため腎移植比率は低い。現在、最も普及し、重要な腎臓代替治療措置は主に血液透析と腹膜透析である。

　腹膜透析（PD）は腹膜を半透膜として利用し、重力作用により配置された透析液を定期的にカテーテルを介して患者の腹膜腔に注入し、透析液を通じて絶えず交換し、体内の不要な老棄物、毒性物質、過剰な水分を取り除き、電解質の乱れを是正する目的を達する。腹膜透析の操作は簡単で、腎不全に対して保護作用があり、一定の柔軟性と自由度があり、患者は旅行、仕事や通学など日常的な活動も自由に行うことができる。在宅操作、自己管理を実行し、患者は病気に関連する知識を積極的に習得するだけでなく、患者が関連する自己管理スキルを習得するのを助けることができ、患者に不良の生活習慣を自分で直すことを促し、合併症の発生を減らす。また、繰り返しの穿刺が患者に与える苦痛を避けることができ、すでに末期腎臓疾患の主要な代替治療法の一つになり、特に中国で腹膜透析を選択する患者の割

合は年々上昇傾向にある。

　血液透析（HD）は体内血液を体外にドレナージし、ダイアライザーを経て、分散、ろ過、吸着と対流原理による物質交換を行い、体内の老棄物を取り除き、体内電解質バランスを維持し、過剰な水分を取り除き、浄化された血液を返送するしくみである。体内に蓄積した老棄物と過剰な水分を迅速に取り除くことができ、迅速に高カリウム血症とアシドーシスを是正し、水腫、胸部圧迫感、呼吸困難などの臨床症状を改善することができ、末期腎臓疾患の主要な治療法であり、透析全体の約90％を占めている⁽⁴⁾。1週間に3回程度の定期的な治療で、血液透析患者と医療関係者は定期的に会って交流することができる。患者の病状変化を適時に発見し、調整し、透析の安全性を向上させる。また、患者は同部屋の「ルームメイト」と病状を検討し、気持ちを共有することができ、社交を増やし、心理的ストレスを緩和することができ、うつ病や不安障害の発生を効果的に予防することができる。もちろん血液透析と腹膜透析の併用も良い治療法である。

Ⅱ　どのように、適切な透析方法を選ぶか

　どうやって自分に合った透析療法を選ぶのか。透析療法を選ぶには複数の要素があり、疾患自体の要素以外に、患者の生活習慣、仕事、生活環境、主観的意思などの要素は透析療法の選択に影響を与える。患者が自分の状況に適した透析療法を選択することは疾患の進行を抑えることに有利であるだけでなく、できるだけ早く自信を取り戻し、正常な生活に戻り、社会に復帰することに役立つ。腹膜透析（PD）、血液透析（HD）はそれぞれメリットがあるにもかかわらず、患者本人の意思と生活スタイルに対する要求は選択において主導的地位を占める。また、腹部管路（腹膜透析カテーテル）と血管経路（半永久内頸静脈カテーテル）に対する患者の受容性および適合度を考慮する必要がある。従って、末期腎臓病患者が腹膜透析シャントをつくるのか、血液透析シャントをつくるのか、ということは透析療法の選択にも重要な影響を与える。そこで、次のような選択アドバイスを提供する。①透析治療を受ける前に、患者は腎移植を含む様々な治療法をよく知り、正しく理解しなければならない、②患者本人の意思と治療上の適応に基づく、③透析の十分性を保証する、④患者本人は透析療法の選択に主導的な立場にあるべきである。ある学者⁽⁵⁾は80例の末期腎臓病患者に対する研究後、腹膜透析による治療患者の1年生存率

は75.00％で、5年生存率は52.50％で、このデータは、血液透析治療患者の1年生存率60.00％と5年生存率40.00％よりはるかに高く、腹膜透析で末期腎臓病を治療するのは、効果的に患者生存率を高めることができることを十分に実証する。ところが、国によって透析療法の選択が異なっているため、血液透析と腹膜透析患者の生存率の比較については議論がある。

Ⅲ　疾患状態における患者の生活の質の定義

透析患者の平均透析年数の延長に伴い、臨床従事者は患者の症状緩和と生命維持に限らず、次第に透析患者の生活状態、生活の質に注目し始めている。クオリティ・オブ・ライフとは、一般に、ひとりひとりの人生の内容の質や社会的にみた「生活の質」のことを指す。この用語が医学領域に引用される時、主に肉体的、精神的、社会的の三方面の状態評価を指し、医療保健、健康レベルの有効性を評価する重要な指標である。WHOはこれを「生活目標、期待基準、関心事、および生存状態に関する体験」と定義する。また、自身の価値と自己実現に対する認知および社会に対する責任感と義務を強調する[6]。生活の質は主観評価であり、生活の質の測定は健康に関する情報を提供するだけでなく、治療結果を評価することや治療反応の予測をすることができる。生活の質は各種類の疾患の医療成果を評価する重要な指標として、ますます重視されている[7][8]。長期透析治療により、患者の肉体的、精神的、社会的な面に与える影響は無視できず、生活の質は次第に透析治療を総合的に評価する信頼できる指標になってくる。

Ⅳ　ハルビン市第四病院における血液透析患者の生活の質調査分析

ハルビン市第四病院（三級甲等病院）血液透析センターで2020年1〜6月の間に維持性血液透析を行った患者115例を対象とした。平均年齢は52.3 ± 13.2歳である。納入標準として、18歳以上の成人であり、認知機能は正常で、有効なコミュニケーションを行うことができ、専門家の指導の下で独立にアンケートを完成することができ、透析時間は3ヶ月を超え、週に3回定期的な透析を行う患者である。排除基準としては、重大な手術、重大な疾患或いは精神疾患などの生活の質に深刻な影響のある患者、及びアンケート調査への参加を拒否する患者である。

　健康関連 QOL の SF-36 はアメリカボストン健康研究院が開発した健康調査アンケートであり、国際的に公認されている生活の質に対して科学的で信頼性・妥当性を持つ尺度である [9]。1991 年に応用を開始して以来、現在全世界で最も広く応用されている生活の質の測定尺度になる。SF-36 は、8 つの健康概念を測定するための複数の質問項目から成り立っている。8 つの概念とは、①身体機能（PF, physical functioning）、②日常役割機能（身体）（RP, role physical）、③体の痛み（BP, bodily pain）、④全体的健康感（GH, general health perception）、⑤活力（VT, vitality）、⑥社会生活機能（SF, social functioning）、⑦日常役割機能（精神）（RP, role emotional perception）、⑧心の健康（MH, mental health）である。その中で、身体機能、日常役割機能（身体）、体の痛み、全体的健康感のそれぞれのサマリースコアを、身体的側面の QOL サマリースコア（PCS）と呼ぶ。活力、社会生活機能、日常役割機能（精神）、心の健康のそれぞれのサマリースコアを精神的側面の QOL サマリースコア（MCS）と呼ぶ [10]。

　SF-36 のスコア付け方法は、SF-36 の 8 つの下位尺度の元のスコアをそれぞれ計算し、その後、変換スコアに従って計算し、変換スコア＝（元のスコア−可能な最低スコア）／（可能な最高スコア−可能な最低スコア）× 100 であり、スコアが 0 〜 100 の間で高いほど生活の質が高くなる。身体的側面の QOL サマリースコア（PCS）は身体機能（PF）、日常役割機能（身体）（RP）、体の痛み（BP）、全体的健康感（GH）のそれぞれのサマリースコアである。精神的側面のサマリースコア（MCS）は活力（VT）、社会生活機能（SF）、日常役割機能（精神）（RP）、心の健康（MH）のそれぞれのサマリースコアである。

　調査対象群に男性 67 例（58.3％）、女性 48 例（41.7％）、83.5％の患者は既婚或いは同居であり、患者の教育程度の分布は比較的に均衡しており、大部分の患者は正常に仕事ができ、多くの患者は合併症があり、患者はすべて医療保障がある。

検討分析

　同センターの維持性血液透析患者 SF-36 尺度の各方面のスコア状況の分析を通じて、私たちは男性患者の生活の質は女性患者より高いことが分かった。これは男性が体力と心理要素などの面で女性より優れていることと関係があるかもしれない。年齢は透析患者の生活の質にも影響があり、老年患者の各臓器機能は衰退し、長期の血液透析で臓器へのダメージが深刻になり、しかも患者の治療に対する耐性

表 3-1 維持性血液透析患者の一般的な状況

項目	症例数	パーセント（%）
性別		
男	67	58.3
女	48	41.7
結婚状況		
既婚または同居	96	83.5
未婚または独居	19	16.5
文化程度		
小学校以下	33	28.7
中学	27	23.5
高校	31	26.9
大学以上	24	20.9
仕事状態		
在職	83	72.2
離職	32	27.8
合併症はあるのか		
あり	101	79.1.
なし	24	20.9
医療保障はあるのか		
あり	115	100
なし	0	0

表 3-2 患者 SF-36 尺度の各コンポーネントのスコア

項目	スコア
身体機能	52.39 ± 15.72
日常役割機能（身体）	31.45 ± 14.89
体の痛み	66.53 ± 17.61
全体的健康感	47.87 ± 14.56
身体的側面の QOL サマリースコア	49.56 ± 18.39
活力	50.14 ± 15.45
社会生活機能	53.23 ± 18.78
日常役割機能（精神）	40.52 ± 17.69
心の健康	60.34 ± 16.27
精神的側面の QOL サマリースコア	51.06 ± 17.52

を低下させ、更に酸塩基のアンバランス、ミネラル代謝の乱れが現れ、心血管など
の深刻な合併症を引き起こし、患者の生活の質に影響する [11]。

　また、私たちは患者の結婚状況が持続性透析患者の生活の質に影響し、既婚或い
は同居の患者の生活の質は高いことが分かった。このような患者はよく家族の支持
と世話があるため、栄養摂取、医療指令の遵守などの面でより良いケアを受けるこ
とができ、心理的負担も軽く、生活の質が高い。

　本研究により、患者の教育程度は生活の質に一定の影響があり、文化程度の高い患者は、各方面のスコアは高いことが分かった。患者の教育程度が高ければ高いほど、疾患に対する認知能力と理解力が強くなり、治療依存性は更に高くなる。しかもこのような患者は良い経済条件を持っており、自己管理、監督はより適切であり、透析治療効果は更に顕著である。正常な仕事を行うことができる在職の患者の各スコアは明らかにもっと高い。このような患者は社会で自身の価値を見つけることができ、積極的でポジティブな生活態度を持つことができる。一方で経済的負担を軽減し、生活圧力を下げることができる。そのため、このような患者の生活の質はもっと高くなる。

　合併症のある患者の生活の質は明らかに低下し、長期血液透析の患者は腎性貧血、ミネラル及び骨代謝の乱れ、心血管系疾病など、他の合併症があり、これは患者の疾患負担を加重するだけでなく、治療への自信も低下させ、更に患者の生活の質に影響する (12)。

　調査により、同センターの透析患者はすべて医療保障があり、自分にかかる透析費用が低いことが分かった。患者の平素の常用薬も医療保険の支持があり、患者の経済的圧力が大幅に緩和でき、それによって社会健康の面から患者の生活の質を高めることができる。

V　まとめ

　健康観の肉体的健康から肉体的、精神的、社会的健康への転換に伴い、末期腎臓疾患患者の治療目標は、生命の維持及び症状の緩和段階に留まるのではなく、患者の肉体的、精神的、社会的健康を全面的に改善させる段階に拡大する。患者を中心とした医療保健思想の指導の下で、生活の質は必ず伝統的な生物指標と同等に重要な医療評価根拠になる (13)(14)。現在、尿毒症血液透析患者の生存率は明らかに向上した。しかし、生存時間の延長は生活の質の向上と同じではなく、ある学者は血液透析患者と健康な人、その他の慢性病患者の生活の質を比較研究し、血液透析患者の肉体と精神的な健康はすべて、健康な人と他の慢性病患者より明らかに低いことを発見した。どのように患者の肉体と精神的な健康を高めることは必ず透析患者の生活の質を高める研究の焦点になる。ある研究 (15) により、友達支持、パートナー支持、社会支持は患者の生活の質に大きく影響し、腎臓病患者の友達作りを励ま

し、多くの交流を励まし、患者が最大限に社会に溶け込み、素敵な自分を表現することで生活の質が上がることが分かった。

透析例共有

　病院の透析患者Lさん、女性、52歳、本科学歴、既婚、職業はハルビン市のある区級病院内科医師であり、維持性血液透析治療を6年間行った。医師であるLさんは普段自己管理を厳しくし、合併症の発症率を最低にしている。Lさんは積極的でポジティブな態度で仕事、生活と向き合い、絶えず新しいモーメンツに溶け込み、自分の能力を高め、自分を豊かにしている。

写真　病院での血液浄化年会で通訳をするLさん

　この写真の示すように、Lさんが病院で開催している血液浄化年会で通訳を担当している。

透析患者へのヒント

　透析期間中の毎日の体重増加は1キロを超えないようにする。水の量をできるだけ抑え、おかゆや麺などの含水量の多い食べ物を食べないことが求められている。透析期間中は塩の摂取をコントロールし、塩は患者の喉の渇きを強めるため、飲水量を増加させる。毎日食べる塩は2グラムを超えないようにする。最低の基準は普段食べている食塩を半分にすること。患者は透析期間中に高カリウム血症を発症しやすいため、カリウムの高い食べ物、例えばみかん、海苔、豆製品、昆布などはできるだけ食べないようにする。救急搬送された透析患者の多くは高カリウム血症のためである。つまり、透析患者はあっさりした食事で、塩分を減らし、酒やたばこ

をやめ、夜更かししないなど、良好な生活習慣を保つ必要がある。

【注】

(1) 上海慢性腎臓病早期発見及び規範化診療とモデルプロジェクト専門家グループ、慢性腎臓病のスクリーニング診断及び予防と治療ガイドライン［J］、中国実用内科雑誌、2017、037（001）：28-34。

(2) Ene-Iordache B, Perico N, Bikbov B, et al. Chronic kidney disease and cardiovascular risk in six regions of the world（ISN-KDDC）: a cross-sectional study［J］. *Lancet Glob Health*, 2016, 4(5): e307-e319.

(3) Zhang L, Wang F, Wang L, et al. Prevalence of chronic kidney disease in China: a cross-sectional survey［J］. *Lancet*, 2012, 379(9818): 815-822.

(4) 賈雲鳳、維持性血液透析患者の生存の質影響要素の研究進展［J］、現代診断と治療、2015、026（015）：3564-3566。

(5) 陳喜生、血液透析と腹膜透析による末期腎臓病治療の臨床効果の比較［J］、中国医薬科学（12期）：169-171。

(6) 梁万年、医学科学研究方法学［M］、人民衛生出版社、2002。

(7) 孫楽棟、周再高生活の質の問題研究［J］、医学と哲学、2001、022（006）：56-57。

(8) 任世、劉鴻艶、董穎越ほか、糖尿病患者の生存の質の研究進展［J］、看護研究：中旬版、2008、000（002）：397-399。

(9) 王山、樊文潔、兪婉奇ほか、SF-36尺度表は都市化住民の生命品質評価に応用されている信頼度と効果度分析［J］中華疫学雑誌、2016（37）：347。

(10) 蘇国霞、非透析慢性腎臓病患者の生活の質の現状及び影響要素の分析［D］。

(11) 馬建超、史偉、王文健ほか、血液透析患者の生活の質SF-36尺度調査及び関連影響要素分析［J］、広東医学、2007、28（12）：2007-2009。

(12) 張茵英、呉茵、趙鑫、315例の末期腎臓病血液透析患者の生活の質の調査分析［J］、中華腎臓病研究電子雑誌、2019、08（06）：253-257。

(13) 許雅婷、趙恵芬、呉静華ほか、KDQOL-SFTM1.3尺度による維持性血液透析患者の生活の質に対する評価分析［J］、福建医薬雑誌、2020、42（2）127-131。

(14) 呂文麗、趙春梅、王秋楓ほか、慢性腎不全血液透析患者の生活の質の調査分析［J］、中国医薬ガイドライン、2013（28）。

(15) 何香女、維持性血液透析患者の生活の質に対する社会支持の影響［J］、内モンゴル漢方医薬、2011（18）：87-88。

第4章　高齢者の認知症予防とケア
―家族は何ができるのか―

渡辺　弥生

　現代の高齢者の課題は健康寿命を延伸することである。しかし加齢により慢性疾患、フレイルや認知症など介護が必要な場合が多い。核家族化が進み、高齢者のみ世帯が増加し、老々介護や認認介護など高齢者が支えあう現状がある。そのような状況の中、認知症高齢者の増加が予測されている。認知症は、症状が多岐にわたり、状態は、軽度から重度まで幅広い。認知症高齢者は、すべてを忘れるわけではなく、できることも多くある。高齢者が住み慣れた家で、少しでも長く生活できるような方法を考えていきたい。社会の看護のイメージは病院で働く専門職である、看護師のイメージが強いと推察するが、本来看護は誰でも家庭で行うべきことであるという視点から認知症高齢者を支える家族は何ができるかを検討した。

Ⅰ　はじめに

　加齢とは年を重ねていくことを意味するが、老化は成熟した後に機能が低下していくという衰退の意味もある。高齢者になっていくことは、身体機能の低下もあるが、加齢とともに充実し、心理的側面や社会的側面は充実し、人生の統合を果たす。高齢者になることはプラスの面とマイナスの面がある。マイナス面を最小化し、充実した人生を目指したい。

　一般的に老化は、普遍性（誰にも起こる）、内在性（原因が主として内在的に起こってくる）、進行性（進行して起こるもの）、有害性（個体の生存に対し有害的に起こってくるもの）であり、誰も避けることはできない。人によって、遺伝的なものやどんな生き方をしてきたのか、どんな生活習慣で生きたかによって老化の個別性が大きいことも事実である。

　現代の高齢者の課題は健康寿命を延伸することである。加齢により慢性疾患、フレイルや認知症など介護が必要な場合が多い。しかし核家族化が進み、高齢者のみ世帯が増加し、老々介護や認認介護など高齢者が支えあう現状がある。長生きの背

景には介護する子供世代も 60 歳を過ぎている場合が増加していることもあり、90
歳代の親を 70 歳代の子供世代が介護していることも多い。身体的な介護が必要な
場合は、体力的な問題もあり施設への入所も必要である。しかし認知症の場合は身
の回りのことができれば家庭で過ごすことも可能ではないかと考える。そのため認
知症高齢者が少しでも家族と暮らせるようにどんなケアができるのか、特にアルツ
ハイマー型認知症のケアについて述べていきたい。

Ⅱ   認知症高齢者の現状

「高齢社会白書」によれば、日本における 2018 年の総人口に占める高齢者人口
の割合は 28.1％で、平均寿命は、男性 81.25 歳、女性 87.32 歳である。日本は、世
界における長寿国の一つである。65 歳以上人口を男女別にみると男性は 1,546 万
人、女性は 2,012 万人で男性対女性比は 3 対 4 となっている。65 歳以上人口は団
塊の世代が 65 歳以上になる 2015 年に 3,387 万人、団塊の世代が 75 歳以上となる
2025 年には 3,677 万人に達すると見込まれている。

65 歳以上の高齢者のいる世帯についてみると、2017 年、世帯数は 2,372 万 7,000
世帯であり、全世帯（5,042 万 5,000 世帯）の 47.2％を占めている。そのうち、「夫婦
のみの世帯」が一番多く約 3 割となっており、「単独世帯」と合わせると過半数を
占める。1980 年では、世帯構造の 3 世代の割合は一番多く、全体の半数を占めて
いた。2017 年では、夫婦のみ世帯が一番多く 3 割を占めており、単独世帯と合わ
せると半数を超える現状である。

60 歳以上の人が介護を受けたい場所はどこか聞いたところ男女とも 7 割以上が
「自宅」と答えている。高齢者の多くが「住み慣れた自宅や地域でできるだけ長く
過ごしたい」（図 4-1）と考えている中で、認知症や要介護となることは大きなリス
クである。

認知症患者は今後さらに増加することが予測され、2013 年筑波大学発表の研
究報告によると、2012 年における認知症の有病者数 462 万人にあてはめた場合、
2025 年の認知症の有病者数は約 700 万人となると予測されている。その場合現状
の要介護者からみた主たる介護者の現状は、配偶者が最も多く次に子である（図
4-2）。配偶者の場合 7 割近く、女性が介護を行っている。また子の場合もその配偶
者が担う場合もあり、介護による離職の問題もある。夫婦同居または一人暮らしで

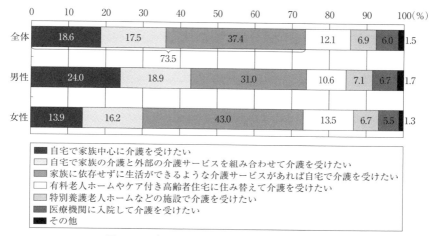

図 4-1　どこでどのような介護を受けたいか

資料：厚生労働省政策統括官付政策評価官室委託「高齢社会に関する意識調査」（平成 28 年）
（注 1）質問は、「自分の介護が必要になった場合にどこでどのような介護を受けたいですか。」
（注 2）調査対象は、全国の 40 歳以上の男女。
（出所）内閣府「令和 2 年版高齢社会白書」　https://www8.cao.go.jp/kourei/whitepaper/index-w.
　　　　html　2020 年 8 月 27 日閲覧。

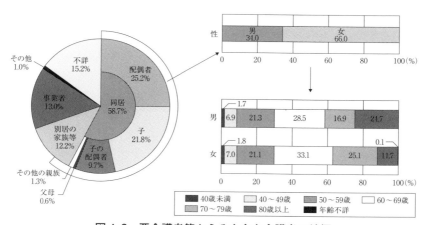

図 4-2　要介護者等からみた主な介護者の続柄

資料：厚生労働省「国民生活基礎調査」（平成 28 年）
（注）熊本県を除いたものである。
（出所）内閣府「令和 2 年版高齢社会白書」　https://www8.cao.go.jp/kourei/whitepaper/index-w.
　　　　html　2020 年 8 月 27 日閲覧。

あっても身の回りのことが可能な認知症の場合、介護保険を利用し、さまざまな社会資源を活用することで少しでも長く住み慣れた家庭で過ごせるのではないかと考える。

Ⅲ　認知症とは何か

認知症とは「生後いったん正常に発達した種々の精神機能が慢性的に減退・消失することで、日常生活・社会生活を営めない状態」[1] をいう。

認知症の最大の危険因子は加齢で、65 ～ 69 歳での有病率は 1.5％だが、以後 5 歳ごと倍に増加し、85 歳では 27％に達する。認知症の原因疾患は、1980 年代までは脳血管性が最多であったが、近年はアルツハイマー型が最も多い傾向にある。認知症の治療は、根治的な薬物療法は存在しない現状である。進行を抑える薬、原疾患があれば血圧を下げたり、興奮を抑えたりする対症療法となる。認知症は、心理・社会的な治療アプローチが有効で、有名な回想法は、認知症患者さんでも比較的保たれている長期記憶を生かせることや、一人ひとりの経験や思いを尊重できることから注目されている。認知症の精神症状・行動異常の中には、対応の仕方で改善できるものもあれば、薬物に頼らざるをえないものもある。

Ⅳ　認知症の症状と生活の問題

認知症と診断を受けた場合であっても、食事や排せつ、入浴など基本的な生活が行える場合は、慣れた家での生活は可能である。認知症の完治は難しいため、進行を遅らせるためや興奮などの症状を抑える、また高血圧などの慢性疾患をコントロールする薬を服用し、近くの慣れた医師のもと、いつも通りとは言えないが、健康状態の維持をし、穏やかな生活を送ることはできる。しかし、周辺症状として徘徊、火の扱いが危険、不潔行為などの安全性に問題がある場合は考えなければならない。認知症はデイケアなど各種の非薬物治療も不可欠で、社会とのつながりを持ち、季節を感ずるレクリエーションなどを行うこと、規則的な生活で生活リズムを整えることで、心の安定を図ることができる。洗濯や食事の準備や買い物も近くにいる子供世代がサポートできれば一人暮らしでも可能な場合もある。またデイサービスは、日々の介護で心身ともに疲れきっている介護者へのサポートという視点も

大切である。いずれにしても介護保険など社会的支援制度の概要を知り、ケアマネージャーに依頼し、何が必要なサポートなのか考え、その家族に合わせた支援方法をケアマネージャーと共に検討していくことが大切である。

　3世代同居が少ない現代では、夫婦で介護しあう老々介護や認知症同士で介護しあう認認介護といわれる状況もある。認知症高齢者の持てる力を発揮してもらいたい。

　認知症高齢者の施設は、介護老人福祉施設（特養）、有料老人ホーム、介護老人保健施設（老健）等がある。また、近年は有料老人ホーム、サービス付き高齢者向け住宅等がある。状態を見て在宅から移行する決断が必要になるが、家族としては本人が好む環境で、いつでも訪問できるような安心できる施設を見学など行い、選ぶ必要がある。状態が悪く介護度が高くなり、一人の生活が難しい場合や、同居家族への介護負担が大きくなった場合、娘や息子宅で呼び寄せて介護している場合も孫の受験期や家族の生活が成り立たない等の状況があった時は、施設という選択は安心できる環境ではある。高齢者自身が「自分は施設がいい」と家族に伝えている場合もあるかもしれないし、子供世代の兄弟間で意見が食い違うこともある。家族での話し合いを行ったうえでどこにいても大事な家族であり、できることを皆で行っていくことが、高齢者と家族の幸せにつながる。現在の施設は認知症の方の尊厳を守ることを重視し、ケアの質もよくなっている。個室の確保や充実したレクリエーションや趣味活動もその方に合った方法で工夫されている。その環境に慣れるまでは互いに寂しいかもしれないが、精神的に落ち着けば、穏やかに過ごすことができる。施設の選択の際は、介護者が楽しく働いているか、施設長の介護に関する考えはどうか、施設内に季節感が違った飾り物がそのままあったり、洗濯物が雑然と干されていたりといったことがなく、環境の配慮がなされているか等をチェックし、訪問しやすい距離であること等、環境を考え選択する必要がある。

V　認知症の予防

　介護保険制度が始まり20年を経過しているが、当初より、利用者が多く介護での利用だけでなく、介護の負担を減らすため、介護予防の視点が重視されている。そのうち認知症での介護保険の利用が約半数である。認知症の原因は生活習慣病などといわれている。認知症の予防には、リスクを低下させるライフスタイルを高齢

になる前から心がける必要がある。リスクとして挙げられるのは、食習慣、運動習慣、知的活動、人との交流などである。食習慣は、魚や野菜、果物の摂取、バランスのとれた食事である。運動習慣は、週3回以上の有酸素運動が効果的とされる。知的活動として、文章を読む、知的なゲーム、楽器演奏やダンスなどの趣味活動もリスクを下げるといわれている。人との交流は脳の活性化を図るうえで重要で配偶者との同居、子供世代や孫との交流や友人との語らい、地域での交流は認知症のリスクを下げるといわれている。

　介護予防としての認知症予防で軽度認知症（MCI）が注目されており、この段階で発見されることで認知症の発症や進行を予防することができるとされている。特に85歳からの発症が多いため、退職後社会とのつながりがなく、長く人生が続くことから、趣味や役割を持ち健康的な生活をすることで認知症を予防することが重要である。

Ⅵ　認知症の症状と経過

　発症期にある高齢者は、これまでできていたことがうまくできず漠然とした不安や焦りを感ずる。物忘れが多くイライラしやすい。生活面では「言いたい言葉が出てこない」「やる気がない」といった問題、あるいは仕事や家事における慎重さや注意の不足が目立つ。過去の記憶は保たれているのに、新たに何かを覚えることができないなどの症状がある。

　初期では、記憶障害の度合いがひどくなり、不安はさらに強くなり、周囲の人に怒りをぶつけるなどの症状がある。金銭管理が困難で感情コントロールができない、意欲がわかないなどの問題がある。

　中期では、日常生活の失敗や困難が増えてくる。食事や入浴、排泄がうまくできないなどの問題が出てくる。妄想や徘徊などの周辺症状が現れる。

　末期では、不安や怒りの感情は弱くなり、言動も落ち着いてくるが、生活の基本動作ができなくなり、言語によるコミュニケーションが難しくなる。

　認知症症状が重度になると、身体面ではやせが進み、運動機能にも支障をきたし、失禁などの排泄の問題も現れる。衰弱が徐々に進むとともにさまざまな病気にり患しやすい、最終的に死に結びつく場合がある。死因としては、嚥下性肺炎や尿路感染に由来する敗血症などが多いとされる。また老衰で最期を迎える場合もある。

Ⅶ　認知症高齢者の家族が行う看護

1　家族が行う看護とは何か

　職業としての看護は「保健師助産師看護師法」に基づき「診療の補助」「療養上の世話」を行う。診療の補助は手術室や集中治療室のような高度な看護から外来での看護など多岐にわたる。療養上の世話は病院での日常生活援助に加え、現在は訪問看護が多く行われている。介護士は医療行為を行うことができないが、高齢者施設などで日常生活の援助を行う。

　川島は「介護保険制度が始まってから、看護師でない人が行う病人や高齢者の世話のことを介護と呼ぶことが一般的になっています」[2] とし「看護という営みそのものは古くから人々の暮らしの中で生まれ、肉親をはじめともに暮らす人を思いやり、世話をすることで発展してきたのです」[3] と述べている。つまり介護も看護も始まりは同じである。あえて看護を意識し、医療知識や制度を知り、対象となる家族の全体像（身体面、精神面、社会面）をとらえ、より個別性のある関わりをすることで、穏やかに生活できるのではないかと考える。家族が行う看護とは、高齢者及び関わりを持つ専門職とコミュニケーションをとり、情報を提供し、生活環境を整え、高齢者を中心とした家族、医師、ケアマネージャー、介護士などのチームが効果的に機能するために調整役割を務めることではないかと考える。看護は患者への関わりをケアともいう。治療のことをキュアというが、ケアはケアリングにつながる。ケアリングの理論では、ケアする者はケアすることで、学び成長する。家族の看護を行うことを負担に考えるのではなく、学び成長する機会と考えたなら日々の看護・介護の負担は軽減するのではないか。現代の医療は短期入院となっており、入院した直後から次の施設を探さなくてはならない。その場合、医療、看護、介護へ日頃から関心を持ち学んでおくことで、高齢者にとって良い環境を得ることができるのではないかと考える。

　認知症高齢者の看護の基本は、パーソンセンタードケアといわれている。パーソンセンタードケアは「人を中心としたケア」である。老年心理学者のトム・キトウッドが研究し発展した。鈴木によれば「一人の人として周囲に受け入れられ尊重されること」[4] の視点を認知症高齢者自身に向け、良い状態と悪い状態を見極め、良い状態が維持できるようにすることが目標となる。「脳の障害」「身体の健康状態」「生活歴」「社会心理」「性格傾向」の５つの要素に着目し、認知症高齢者を

中心としたケアプログラムを構築することが必要なことである。家族はどういう人だったのか、どういう経験をしてきた人なのか、どんな病気を持っているのか、どんな趣味や楽しみを持っていた人なのか、情報を伝えることで本人を中心としたプログラムを専門職であるケアマネージャーが組み立て、看護師や介護士が実践していく。本人が心地良いと感ずる環境を提供しケアを受けることで安定した生活を送ることができる。

2　症状に応じた看護

　図4-3に示したように認知症は中核症状と周辺症状がある。アルツハイマー型の認知症では、神経細胞が破壊され、脳全体が委縮し初期より記憶障害が目立つ。血管性の認知症では脳の働きが低下し、血管障害が起こる場所により症状は変わる。意欲や自発性の低下がみられる。全側頭葉型認知症では初期より理解、判断力の低下や失語が目立つ。それぞれの原因により症状の出方が違うため早期の診断が必要となる。記憶障害は近い記憶から障害されるため数時間前のことを忘れてしまう。見当識障害とは時間、季節、今いる場所、人がわからなくなるなどの状態である。実行機能障害とは日常生活や仕事の内容を計画して実行することができなくなることである。主婦であれば料理ができなくなり、家事全般が進まず家の中が汚れているような状況になる。症状が進めば食事ができない、トイレへ行けないなどの問題が出てくる。

　中核症状である記憶障害はすべてを忘れるわけではなく子供のころの記憶（エピソード記憶）や料理の手さばき、洗い物のような（手続き記憶）などは残る。長い年月をかけて習い覚えた事柄（意味記憶）も残る。食事を終えた後、片づけを始めるなど長年の習慣でできていたことは、続けることで、自分にもできることがあるという自信につながる。

　記憶障害では毎日のデイサービスが何かわからず、しつこく毎朝質問していても、迎えのスタッフの顔や声に、快適な場所など感覚的に記憶して笑顔で出かけることができる場合もある。記憶障害は、家族としては「そんな大事なことも忘れているの？」と辛く情けなくなるが、今できること覚えていることを手掛かりに本人を尊重したコミュニケーションを行うことで、互いに落ち着いた生活を送ることができる。

　見当識障害は、時間、場所、人の順に正しく認識できなくなる。「今日は暑いね、

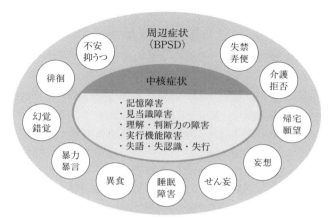

図 4-3　認知症の症状

（出所）認知症ネット　https://info.ninchisho.net/symptom/s10#id1　2020 年 6 月 20 日閲覧。

8 月だからね」というように本人が「あ、そうか」と気づけるような声掛けの工夫が必要である。

　認知症があっても文字を書き、読むことはできる場合がある。実行機能障害では、忘れてしまいできないことがあるので、メモや張り紙のようなもので注意を促す、わかりやすい場所にまとめておく、衣服は取り出しやすくしておくなど環境を整えることでできることは多くある。家族が多く手を貸さなくてもできる工夫を行う必要がある。周辺症状は、本人にストレスや不安があり、困っていることが起こると現れるとされる。代表的な症状としては、幻覚や不眠、妄想、行動の障害として徘徊などがある。本人のストレスや不安が軽減されず症状が治まらないときは医師に相談し、一時的に施設を利用することも可能である。

　また、不潔行為や興奮状態が続き家族が疲弊してしまう場合は無理することなく専門職に任せるべきである。妄想の中でとられ妄想があるが、本人にとって大事なはずの娘や息子、介護を担う配偶者がターゲットとなることがある。この場合あれほど信頼しあったはずなのにと家族はかなりのショックを受ける。また社会的な活躍をしていた父親がどうなってしまったのかという発言をし、家族が否定することで状況がさらに悪化し、本人が激高することもある。そこで冷静な対応をするためにはどのような症状があり、どう対応をするといいのか病気と関わりの方法を理解

しておくことである。病気の理解というところでは、本人が言っているのではな
く、病気の症状が出ているという理解をし、間違ったことを言っている場合は「な
ぜそのように考えてしまうのか」推察し、否定せず肯定もしない、ましてや説得も
しないコミュニケーションが必要である。例を挙げると認知症になると一番良かっ
た時代に戻るといわれる。子供が小学生の頃に戻り「子供が帰ってこない」と夕暮
れ症候群といわれる症状が起こる。その場合「みな大きくなっているから心配ない
よ」など不安がなくなるような声掛けが有効である。

Ⅷ　家族の心の動き

　高齢者が認知症のような状況にある時、家族ははじめ【戸惑い・否定】という心
理状態になる。「まさか」「うちの親に限って」等の思いが働き、人に相談できな
い、などの状況をもたらす。次にさまざまな困難にであうことで家族は【混乱・怒
り・拒絶】というような心理状態となる。認知症患者は認知症の種類にもよるが、
本人が安心した精神状態になることで、穏やかになることもあるため、状況を冷静
に見極め本人と家族にとって落ち着ける環境づくりが必要である。その対応は一人
で抱え込まず複数で行うと同じ思いを共有でき気持ちが楽になる。看護的視点でみ
ると病気についての知識を持つことで不安が軽減できることもある。さまざまな状
況を乗り越え、診断がつき治療や介護の方向性が決まれば【割り切り・あきらめ】
という心理状態となる。病気を理解することで「病気だから仕方がない」「本人に
怒っても仕方がない」などの気持ちの整理ができ、対応の方法にある程度慣れ、最
後は【受容】という心理状態となる。高齢者の今の姿を受け入れ、本人にとっても
家族にとっても良い介護ができる状態となる。

Ⅸ　家族としての対応

1　早期受診
　高齢者が同居、別居に限らず「あれ？」と感じさせる症状が認められた時、家
族は戸惑う。初期によくある症状は「何度も同じことを言う」「同じものが大量に
購入されている」「焦げた鍋が増える」「冷蔵庫に期限切れの食品がそのままであ
る」などがある。近所の人が驚くような質問をされ困惑している場合がある。その

ような状況があった時は、落ち着いて本人の思いを確認し、近所の方には、声をかけ理解を仰ぐ必要があるが、あまり理解を示されないと面倒なことになる。早期に受診することで、早い対応ができる。医療機関を受診し、困っていることに対し調整を図る必要がある。しかし家族の思いとしては「まさか」という認めたくない気持ちになるのは当然である。また受診は本人も行きたがらない可能性もある。現在は「物忘れ外来」や「老年科」というような高齢者を対象にした外来を持っている病院も増加している。ある認知症高齢者の家族は精神科に受診しようとして「認知症かどうか診断すればいいのですよね」と言われ、違和感を持ち、受診が遅れてしまったという例がある。看護師の中には認知症の家族の気持ちが理解できておらず、心ない応対をする場合がある。電話相談をして家族が安心できる病院を選び受診すべきである。

2　正しい知識を持つ

認知症は急速に悪化するわけではなく、本人も不安があり、焦っているために周辺症状が強調されている場合がある。初期から中期の状態では過ごし方によって、ある程度、今まで通り過ごせる場合もある。まずは家族の不安を本人に反映させないように早期受診の必要がある。

診断がついて対症療法として考えられるのは、薬物療法で、家にいるのに「帰らないといけない」と言ったり、「夕暮れ症候群」という症状で散歩していて、戻らず知らない人の所へ行ってしまったりという症状もある。このような時は自分の親であれば情けなく思ったり、とても面倒は見られないなど混乱や怒りの感情が起こり、「施設しかない」という気持ちや、兄弟にあたってしまったりというような状況になる。正しい認知症の知識を身につけ、認知症を理解し、対応に慣れることで介護する側、される側の双方の身体的、精神的負担を減らすことができる。

3　介護保険の利用

診断がつくまで待たなくても、専門の相談施設を利用できる。認知症の診断を受け、介護保険を活用することは、介護保険は医師の診断書と申請書類があれば、あまり待たされることなく介護認定の手続きを行ってもらえる。要支援から要介護5段階までの認定を受ければ介護保険によりさまざまなサービスを受けることができる。認知症は日常生活の維持と安心できる場所で過ごすことで、中核症状は進行し

ても周辺症状である問題行動は落ち着く場合がある。

　介護保険を活用する際は、要介護度によって受けられる内容が異なるためケアマネージャーに家族の形にあったサービスを提案してもらうため、的確な情報提供が行えるようにしていく。夫婦二人で暮らしている場合は訪問看護やデイサービスの利用で介護の負担が少なくなるように計画を立てることができる。

　規則的な生活で生活リズムを整え、デイサービスの利用で社会とつながり機能訓練やレクリエーションを行い脳の活性化を図ることで楽しく生活でき、周辺症状が落ち着く可能性がある。またデイサービスは認知症高齢者の精神症状や身体健康状態を観察し異常の早期発見にもつながる。家族の負担も考えてもらえるのでいつでも相談ができる。

4　ネットワークを持つ

　認知症は誰もが加齢により経験する可能性がある状態である。周囲に隠したりする必要はなく、ネットワークを広げ、地域で行われるネットカフェや体験者の集まりに参加するなどし、経験談を聞くことで精神的な負担を和らげることができる。いつでも相談できる場所を確保することが必要である。

X　まとめ　今後の課題

　認知症のある高齢者の看護は家族には大変なことか、と問われれば大変ではないとは言いがたい。病院での入院治療を行う際も認知症があることで、看護上の問題も多い。本稿では家庭で過ごせる可能性が高い認知症高齢者をイメージして、子供世代が支えることで少しでも長く家庭で過ごすためのケアに焦点を置いて記述した。現在短期入院が推奨されており、医療や看護の知識を持つことで、より円滑な療養環境をチームの連携で整えられると考える。家族の対応によって高齢者本人の不安が軽減されるという相互関係があることから、楽な介護、看護の方法を考えていくべきである。認知症の知識を持つことで、高齢者の状況を理解できる。

　認知症の専門医であり、認知症の診断方法の一つである「長谷川式スケール」の開発者長谷川和夫氏は、認知症である自身の思いを著書で述べている。その中で「認知症だからすべてわからないわけではない」とし、普段通りの生活が少しの支えで行えるし、行うべきであることを伝えている。

　今後の課題として、一人暮らしや子供世帯が遠くに住み、認知症であることの発見が遅れる場合の対応や、私たち自身が、認知症は誰もがなる可能性があり「何もわからない人」という誤解や偏見を持たず助け合える社会でありたいと考える。

【注】
(1) 厚生労働省「みんなのメンタルヘルス」　https://www.mhlw.go.jp/kokoro/speciality/detail_recog.html　2020年6月20日閲覧、図3。
(2) 川嶋みどり『看護の力』岩波新書、p. 6、2017。
(3) 同上。
(4) 鈴木みずえ監修、内門大丈監修協力『3ステップ式　パーソン・センタード・ケアでよくわかる認知症看護の基本』池田書店、p. 20-36、2020。

【引用・参考文献】
堀内ふき・大渕律子・諏訪さゆり『ナーシング・グラフィカ　老年看護学①　高齢者の健康と障害』メディカ出版、p. 13、2019。
平成30年度厚生労働省老人保健健康増進等事業、認知症の人の家族等介護者への効果的な支援のあり方に関する研究事業、https://www.mhlw.go.jp/content/000521036.pdf　2020年6月20日閲覧。
内閣府「高齢社会白書」　https://www8.cao.go.jp/kourei/whitepaper/w-2019/zenbun/pdf/1s3s_04.pdf　2020年6月20日閲覧、図1～2。
厚生労働省「認知症」　https://www.mhlw.go.jp/content/12300000/000519620.pdf　2020年6月20日閲覧。
認知症ネット　https://info.ninchisho.net/symptom/s10#id1　2020年6月20日閲覧。
金森雅夫『認知症plus予防教育―運動・食事・社会参加など最新知見からの提案―』日本看護協会出版会、2020。
長谷川和夫・猪熊律子『ボクはやっと認知症のことがわかった―自らも認知症になった専門医が、日本人に伝えたい遺言―』KADOKAWA、2020。
公益社団法人認知症の人と家族の会監修『よくある「困りごと」への対応がわかる　認知症になった家族との暮らしかた』ナツメ社、2018。
認知症看護認定看護師「施設の会」編『認知症plus生活の継続―認知症看護認定看護師の実践が明らかにする"生活"を考えたケア―』日本看護協会出版会、2020。
原等子「ケアと家族支援」『臨床老年看護』vol. 26、no. 1、pp. 7-13、2020。
稲野聖子「地域包括ケアシステムにおける認知症の人への意思決定支援」『看護展望』vol. 44、no. 7、pp. 10-19、メヂカルフレンド社、2020。
井出訓・井上洋士『新訂　看護学概説』一般社団法人放送大学教育振興会、2016。
認知症施策の総合的な推進　https://www.mhlw.go.jp/content/12300000/000519620.pdf　2020年6月20日閲覧。

第Ⅲ部

高齢者の口腔の健康

第5章　8020（ハチマルニイマル）、歯の健康

鈴木 惠三・尚 爾華

I　8020（ハチマルニイマル）とは

　表題の8020は括弧に記載のとおり、「ハチマルニイマル」と読む。カタカナ表記やひらがな表記が混在するが、読むことの目的は達する。ですが、初めて読まれた方にとって、この8020が何を意味するのか不明でしょう。歯や口の健康に関わる情報に触れた際に目にすることが多く、中には、「それは」と即、説明できる方や「それは……」と記憶を呼び覚ます努力を強いられる方もおられることでしょう。

　数字の並びである8020は、「80歳になっても自分の歯を20本以上保ちましょう」とのメッセージである。80歳で自分の歯を20本保持することで、大方の食品を不自由なく「噛める」ことができる状態を獲得できる、と訴えている。もちろん望ましいのは、親知らずと言われる第三大臼歯を除き、自分の歯を全て28本保持することだが、何らかの理由で、80歳に到達するまでに既に何本かの歯を喪失された方、そして全歯を失った方もおありでしょう。それでも、噛めている、と自覚できる場合が多いことでしょう。

　「自分の歯」とは、現在、口の中に存在している歯を指し、何らかの理由で歯が抜かれる処置を受け、口の中には存在しない歯ではないことである。存在するのであるから、鏡をみながら、あるいは舌で歯を探りながら、その存在を確かめ、自分の歯を数えることができる。例えば義歯（ぎし、入れ歯）は、自分の歯ではない。歯を失う理由は、一般的には、若年ではう蝕、年齢が長ずると、いわゆる歯ぐき、歯を支える組織である歯周疾患であることが知られている。

　ところで、この8020の歴史の起点に関心があることでしょう。それは、1989年（平成元年）に、「成人歯科保健対策検討会中間報告（以下、中間報告）」[1]に、「喪失歯が10本以下、即ち残存歯数が約20本あれば食品の咀嚼が容易であるとされて

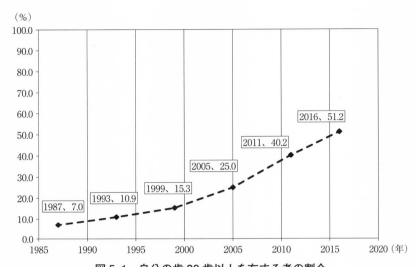

図 5-1　自分の歯 20 歯以上を有する者の割合

（注）図中囲み数値は、調査年、割合の順
（出所）厚生労働省「歯科疾患実態調査」。

おり、例えば日本人の平均寿命である 80 歳で 20 本の歯を残すという、いわゆる
8020 運動を目標の一つとして設定するのが適切ではないかと考える」と記載され
たことに依る。

　この中間報告には、依るところの根拠が明示されていない。が、それは、1987
年（昭和 62 年）2 月 13 日～ 15 日にわたり神奈川県厚木市に参集した有志 29 名に
よるワークショップ、地域歯科保健研究会の成果である。成果は「老人保健法にお
ける歯科保健事業を効果的に進めるには」としてまとめられた (2)。老人保健法（第
一次）のその最終年度であり、その 1 年前（1986 年）の年末には「老人保健法にお
ける保健事業第 2 次 5 カ年計画」が発表され、老人保健法の見直しが進められてい
る最中であった。国民一人ひとりの健康を考えるにあたり、歯科保健対策が歯科事
業として採用されず、取り残されたまま老人保健事業が継続されようとしていたの
である。第一次での遅れを取り戻さんとする歯科関係者の強い思いが、上述「老人
保健法における歯科保健事業を効果的に進めるには」のタイトルに込められた。

　図 5-1 は、80 歳で自分の歯 20 本以上を保持する方（8020 達成者とする）の 80 歳
者に占める割合の年次推移で、1987 年（昭和 62 年）から直近 2016 年（平成 28 年）

までに実施された「歯科疾患実態調査」の結果である。これより、8020 達成者が
年ごとに増加していることが読み取れ、直近の 2016 年に 51.2%に達したことが知
られる。1987 年の 7.0%から、30 年を経て、80 歳者の二人に一人は、自分の歯を
20 本以上保持している状況に至ったのである。

　さらに、2016 年（平成 28 年）の平均寿命は、「簡易生命表」から、男が 80.98 年、
女が 87.14 年で、男女とも 80 歳を超えており、男女とも丸めて 80 とした 8020 の
80 歳をも真にクリアーしているのである。80 歳における平均余命は男 8.92 年、女
11.82 年とされる。80 歳の方は、統計的に 9 ～ 12 年の平均余命の期間も、自身の
歯を保持されて過ごされることが大いに期待される。

Ⅱ　噛める

　歯科保健の目的として「一生自分の歯で食べる」ことと言われてきた。8020 で
は「噛める」が、ここでは「食べる」とされる。感覚的には同じようなものとして
とらえられるが、食べるは、食う、飲むの動作行動に着目するが、噛めるは、消化
器官としての咀嚼（そしゃく）機能を表現する。味気ないかもしれないが、咀嚼と
は、口から安全に摂取した食物を食いちぎり（切裁、せっさい）、かみ砕き（粉砕、
ふんさい）、すりつぶす（臼磨、きゅうま）し、口の周囲筋肉と顎関節、神経指令と
の協調協同作用と相まって分泌された唾液とよく混ぜ合わせ、嚥下可能な食塊を形
成することで、食物の消化を助ける消化器官としての重要な役割を果たしている。
消化により、植物が同定した太陽エネルギーを吸収し、食物連鎖の頂点に立つヒト
として生命を維持することができる。さらに、咀嚼は脳の中枢からの指令により、
目で見た食物を把持し摂取（せっしゅ）する随意運動と反射運動により支配される
根源的な行動でもある。

　80 歳で自分の歯 20 本以上を保持することで、たいていの食品を不自由なく「噛
める」と述べたが、何を噛めるのか。8020 では、噛める食品にスルメイカや酢だ
こを選んだ。その根拠は、山本 [3] の、総義歯（そうぎし、上下顎それぞれに全く歯が
無い状態に摘要する人工の歯）咀嚼能率判定表に、噛みにくさが 5 段階レベルの食品
として例示されていたことによる。即ち、好き嫌いはあろうが、スルメイカ、酢だ
こを噛めるとする者は、ほとんどの食品を噛めることができるとする判定に基づい
た。

　咀嚼により食物を味わい、世界の多種多様な食の味わいに食欲を満足させ、至福を感じ、心を穏やかに保つ心理的効果も付随する。さらには、食卓を囲み円滑な会話を楽しむ社会的な作用をも促し、これが消化を促すことも知られている。口は食の入り口であるとともに、会話を可能とする構音器官としての役割もあり、歯を保持することで、会話をも楽しむ助けとなり、少なからず潤いのある社会生活を営むことにも役立つ。

　う蝕により歯に穴（窩洞、かどう）が穿たれたままの状態や痛むとか、歯ぐきが鬱陶しい、痛むとかの状態で、噛めない状態にあると、気分がすぐれないことがある。これは、歯や口に何かしらの原因があって引き起こされる症状と気が付くことが一般的である。しかし、歯や口に原因がなくても、体調が思わしくない時には食欲が減退することがある。この状態では噛むこともままならぬ。鈴木らは、死亡者と生存者について保存されている歯科記録をもとに、ケース・コントロール研究から、歯科初診時を起点に喪失歯数と噛める満足度を比較したところ、歯科初診時から死亡までの期間は 2 年 8 か月で、喪失歯数は死亡者 16 本、生存者 14 本、噛むことに十分満足する者は、死亡者 5 %、生存者 21 %で、特に噛みにくい食品がスルメイカであることが知られ、噛むことの効用が示唆されたことを学会に報告した [4]。

　このような役割を担う歯が、生涯保持されて当たり前なのだが、あらためて、80歳になっても、20 本の歯を保持し、生涯をより健康に楽しく過ごす工夫に繋がることを訴えるのが 8020 なのである。

Ⅲ　哺乳から食べること、咀嚼へ

　歯の健康とは何か。8020 を達成するには、歯が健康であり、そして歯の機能が十全に発揮されることであり、歯の健康を考える基礎として、歯の生い立ちを概観する。

　歯は、出生時には、ほとんどの場合生えていない。歯の無い時期は、乳児期として哺乳により栄養を得る。歯が無くとも哺乳栄養で、児の旺盛な成長発達発育を支え、歯が生える土台となる口、そして顎、首周囲の筋肉、骨も成長発達し、活発に手指を動かし、母乳を吸啜（きゅうてつ）する。成長発達が進むにつれ、哺乳による栄養では不十分となるので、栄養不足とならぬように栄養を補う必要が生じ、離

乳食へと移行する。

　この時期は、生後3か月頃で、哺乳から離乳食へ移行開始の目安である。頭は、首のすわりに支えられ、下顎の前歯が生える環境が整い、萌出（ほうしゅつ）へ進み、離乳食を磨り潰し噛んで栄養を摂る準備が始まる。この時期に生える歯は、乳児期に使う歯として乳歯と呼ばれ、6歳頃までは、乳歯のみで咀嚼するが、12歳頃にかけて乳歯が永久歯に生え変わり、乳歯と永久歯の混合歯列となり、乳歯と永久歯で咀嚼する。乳歯、永久歯で丁寧に咀嚼をすることで、食を味わい、上顎下顎歯列や咬合（こうごう、咬み合わせ）、顔面、脳頭蓋の発育成長を促し、好ましい食生活をも形成する。

　一般的には、下顎の前歯の萌出が、哺乳栄養（従属栄養）摂取から離乳食を経て、咀嚼栄養（自立）摂取へ移行する開始の時期と言える。その後、離乳食から一般食への展開と歩調を合わせるように、形態を異にする乳歯が次々と生え続き、3歳頃までに20本の乳歯が生え揃う。この時期の食事は、成人同様の多種多様な食事を指向した幼児食で、児の食欲を誘い、食への積極的な関心を誘導し、幼児食から一般食へ変化してゆく。これに合わせるように、母親へ依存した生活から、ハイハイを経て、直立二足歩行し自立へと向かい、友達・社会との交流が積極的になり、運動量も増加する。歯が生え揃い、募る食欲を満足させるように、児は与えられた食事を自らの手指を工夫して動かし、食事を摂取する自立栄養を進化させる時期でもある。このような児の心身や口腔機能の発達を確認する場として、3歳児健康診査が整えられている。

　このように生後3年間に、栄養摂取の面からは、空腹時に母親を求めて母乳を飲む吸啜反射による哺乳栄養から、巧緻な手指運動と連動する咀嚼嚥下運動による自立栄養摂取機能を獲得し、新生児では自力での移動ができず、養育者なしでは生存できない危うい運動状態が、ハイハイを経て自立二足歩行へ劇的な変化を経て、生涯の行動の基盤が整う。この背景には、出生時には400グラムと言われる脳重量が1年後にはその2倍の800グラムほどに成長し、中枢神経系の発達に支えられることがある。栄養摂取、運動、咀嚼などは、歯の萌出と相互に有機的に関連し、特に、咀嚼することで、噛む力を発揮する咬筋や顔面頭頚部、脳頭蓋の骨格筋の表面的発達とともに、神経筋系の内面的統合発達を得て成長することから、歩行と咀嚼は児の成長発育の刺激源となる。

Ⅳ　歯数 20　噛めるのに必要とする歯数

　8020 のもとになった資料 (5) は、噛む対象食品として酢だこを示し、噛める程度として「そのまま噛める」、「小さくしたり工夫すれば噛める」、「噛めない」、「噛んだことが無い」との選択枝から一つを選び、年齢とともに得られた回答である。対象者の年齢は 40 歳以上 80 歳未満で、10 歳区分で分析した。その結果、40 代では全員が、喪失歯（欠損歯）の有無を問わず「そのままで噛める」あるいは「小さくしたり工夫すれば噛める」とし、「噛んだことがない」者を除き、噛めないとする者は皆無であった。これは、若い頑強な体ゆえに、口腔周囲筋、咀嚼筋などが強く、高い順応・協調性を発揮し、顎の骨の状態も良好で咬合（こうごう）力を咀嚼に効果的に変換し、噛めることが考えられた。50 代でも同様の傾向だったが、喪失歯（欠損歯）が 25 本以上になると「噛めない」とする者が認められた。60 代では、「噛めない」とする者の喪失歯（欠損歯）は 13 本以上 25 本未満の範囲であったが、50 代と異なる点は、喪失歯（欠損歯）が 25 本以上では「小さくしたり工夫すれば噛める」とされたことである。そして、70 代では、60 代と全く同様に、喪失歯（欠損歯）13 本以上 25 本未満で「噛めない」、25 本以上で「小さくしたり工夫すれば噛める」であった。これら 60 代 70 代では、喪失歯（欠損歯）が「7 本から 13 本未満」なら「小さくしたり工夫すれば噛める」こと、即ち調理により軟食化する人工的消化に助けられていることが分かり、喪失歯が 7 本未満であると「噛める」との結果が導かれた。そこで、許容できる喪失歯として、「7 本から 13 本未満」の範囲にあると見当づけたが、目標値としては範囲で表すより単一値であることが扱いを容易にするので、範囲の中央値である 10 本を、喪失歯（欠損歯）の目標値と定めた。中央値が整数の 10 であったことは、極めて好都合であった。そして、噛めるには、許容される喪失歯は 10 歯まで、とワークショップとしての合意に至ったのである。

　咀嚼に必須の歯は乳歯と永久歯に分けられ、乳歯は生後 3 か月頃に生え始め、3 歳頃に 20 本が生え揃う。そして、この乳歯は 12 歳頃までには暫時、乳歯の下に生えてくる永久歯 20 本と 1 回だけ生え変わる。これを二生歯性という。一方、永久歯は生え変わることなく、6 歳頃に乳歯の列（歯列、しれつ）の後ろに続き、奥歯（臼歯、きゅうし）である第一大臼歯が左右上下に 4 本、そして 12 歳頃にはさらに 4 本、奥歯である第二大臼歯が列の後ろに生え揃う。これに加えて、24 歳頃に

は第三大臼歯が4本生え加わる場合がある。この第三大臼歯は、親知らずとか智歯（ちし）と言われることがあるが、最近では全く生えないこともある。永久歯の数は、乳歯から生え変わる永久歯20本、乳歯列に続いて新たに加わった臼歯12本が全て生え揃うと、永久歯総数は32本となる。しかし、顎が縮小傾向にあり、歯と顎の大きさとのバランスが崩れ、第三大臼歯が生えないこともあり⑹、永久歯総数は28本から32本の範囲となるので、生え揃う永久歯総数を中央値である単一値30本と仮定した。この生え揃う永久歯総数30から許容できる喪失歯数10を差し引くと、30 − 10 ＝ 20となり、口腔内に存在する永久歯数は20本となり、20本の歯があれば、なんとか「噛める」となるのである。この口腔内に存在する永久歯数を数えることは、存在しない歯を数えるより、比較にならぬほど容易で、体重を計測する、血圧を計測するなどと同様に得られた値を個人健康指標とすることができ、数えて得られた歯数は、歯科保健「歯」数であり口腔内の実態をとらえる指数として、これを活かす術を身につけることができる。これが20の由来である。

　自分の歯、口に存在する歯数を指標とすることは、客観的で絶対的な指標と言える。それは、歯を失うならば、そこに新たな歯は生えないからである。

　歯科医療従事者がそこに無い歯を計数できるのは、上顎や下顎それぞれに揃った歯列中に、決まった位置にあるべき歯が無いことを根拠にしているからできる専門的知識にもとづく。時には、先天的に生えなかった歯もあれば、親知らずの抜歯の有無を問診にて確認することも必要となる。抜けた歯を数えるより、存在する歯を計数することが、無理なく、現状を把握することができる。

Ⅴ　生涯とは80

　当時、日本歯科医師会は、国民の健康増進を歯科保健の立場から「生涯自分の歯で食べよう」とのスローガンのもと、歯科保健啓発普及活動を推進していた。ここには、歯は「生涯」、人の寿命に沿って保持できる、との通底的な考えが読み取れるし、人の寿命にくらべ、歯の寿命が短命であるとの無念さ意識を感じる。回りくどくなったが、「生涯」とは人の寿命であるとして、1987年（昭和62年）の平均寿命、男75.61年、女81.39年を得て、乱暴にも男女とも丸めて80年を、生涯を表す単一値とし、8020の80に当てたのである。

　この8020に至るに先立ち、「生涯自分の歯で食べよう」とは「80歳、欠損歯は

10歯まで」として表現されることになり、目標値を明らかにし、厚木ワークショップの成果となった⁽⁵⁾。厚木ワークショップの参加者は大方が歯科保健医療従事者であり、口腔内に現存しない、存在したことがあった「喪失歯」「欠損歯」を判断し計数することは、口腔内の歯科保健状態、処置方針を定めるために、日常実施される診療必須行為であり、極めて容易なことである。しかし、日々住民と身近に接するワークショップ参加者のうち、鈴木を含め「住民自ら、鏡などを使っても、口腔内に存在しない「喪失歯」「欠損歯」を数えることは、至難のことである」、との認識が示された。つまり、厚木ワークショップの時には既に、欠損歯10歯を残存歯20歯として、住民に受け入れやすい表現「80歳、残存歯数は20歯」とすべきとの意見があったが、厚木ワークショップの成果は、「めざそう！80歳、欠損歯は10歯まで」として、確定した。

Ⅵ　8020へ

　厚木ワークショップで合意された「めざそう！80歳、欠損歯は10歯まで」が、8020に転換したのはどうしてか。先述のように、口腔内に存在しない歯を数えることは、臨床の場を除き、住民レベルの場では現実的ではないが、歯科関係者の主導で、このスローガンが広まりつつあった。

　しかし、1989年（平成元年）3月になって、機が巡ってきた。それは、先述の中間報告を出した本体である成人歯科保健対策検討会が組織されたことである。検討会委員に、厚木ワークショップの参加者であった矢澤正人先生が委員として参加されており、検討会にて「80歳で抜けた歯を10本以下に、8010」を目標設定案として提案することを、榊原悠紀田郎先生に事前相談したところ、砂田今男座長（当時東京医科歯科大学保存学教室）に事前に説明するようにとの助言をいただいた。矢澤先生は、所要の準備を済ませ、第1回検討会に臨み、目標設定案として「80歳で、抜けた歯を10本以下に、8010」を提案された。その後、矢澤先生は、「抜けた歯で行くと誤解されそう」との危惧を抱き、ネーミングを8020にすることを改心し、そのことを聞いた鈴木も賛成し、第2回検討会の冒頭で、修正を発議し、「8020」が晴れて認められたのである（矢澤私信2018年。下線は鈴木による）。

Ⅶ　歯の喪失の理由

　冒頭の「Ⅰ　8020（ハチマルニイマル）とは」で、「何らかの理由で歯が抜かれる処置を受け」と書いた。歯が抜かれるには何かしら理由がある。理由もなく歯が抜かれることはない。歯が抜かれるには、歯科を受診して、必要があれば、歯科医師がその理由を「診断名」として説明し、診療録に記載する。繰り返すが、決して、説明もなく歯が抜かれることはない。ここで、必要があれば、と断ったのは、担当の歯科医師の診断により、抜歯を要しないこともあるからだ。

　鈴木が巡回歯科診療車で歯科医療が十分に整っていない地域を巡回した時に、「痛むから」「ぶらぶらするから」「欠けた歯の縁が口の中を刺激するから」などなど、自己「診断」に基づき抜歯という処置まで指定して受診される方が、結構、居られたことを体験した。受診者のそのような行動、というよりも抜歯の希望は、口から不快因子が一掃されることで、当面、苦痛を回避できることを期待してのことである。ここで当面としたのは、抜歯により歯が失われるなら、新たな苦痛として、噛むことに不都合、何かしらの不具合・障害が生じうる懸念を予想するからである。歯科診療車が巡回しなければ、近隣の歯科医療施設を受診できる場合が多いのであるが、抜歯を求めて診療車を受診するのは、抜歯がたいていの場合、2診療日で処置が完結し、以後、継続して受診することがほとんどないことを知っているからである。歯科医療は食事を楽しく味わい、会話を楽しみ、栄養摂取を助ける消化器官としての歯の咬合を保全育成、機能回復を根底に据え、抜歯にともなう欠損部位の処置として咬合回復、歯列保存、審美性の回復等一連の処置を終えるのであり、単なる抜歯処置は、応急的な処置であって、歯科が目的とする統合された処置を完了しているとは言い難い。歯科診療車では抜歯後の一連の処置が業務範囲ではないことから、抜歯後、近隣の歯科診療施設にて、しかるべく処置を受けられることを納得していただき、診断を行い、抜歯の処置に移行した。抜歯後は、近隣の歯科診療施設で一連の処置が継続されることを願うのみである。抜歯のたび、「歯に宿る命」を絶命させた、との思いを強くするばかりの巡回歯科診療であったが、このことが、「自分の歯」を残さねば、との思いを強くさせた[7]。

　図5-2は、北海道における抜歯の理由について、である。これは、北海道歯科医師会員を対象に予め配布された調査用紙に、定められた期間内の任意の1日に実施された診療結果で、振り返り調査で採用される記憶を辿る方法ではないことから、

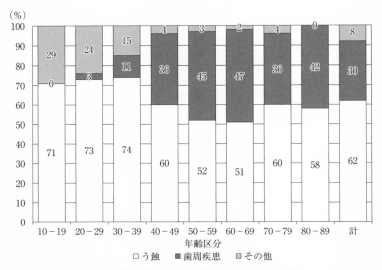

図 5-2　北海道における抜歯の理由　1986 年

調査時点の診療結果を反映しているものである。抜歯の理由は、これまでに触れたように、う蝕と歯周疾患に大別される。う蝕による抜歯は、若年者に多く、40歳未満での抜歯の約70%を占めたが、歯周疾患は中年から高齢期にかけて増加し、40歳台の36%から60歳台で47%を占めた。抜歯の理由を、う蝕と歯周疾患との構成割合でとらえると同時に、実本数をもって状況を的確に把握する必要がある[8]。

　歯科診療施設が十分に整備されていない地域の例を紹介したが、歯科診療施設のみならず医療施設も皆無であり、歩いて近隣に行っても医科・歯科医療施設が無い地域で、歯科調査に従事した体験から、虫歯も高血圧症も肥満もない、だけれど回虫症が多い人々の暮らしを垣間見た。そこは西北ネパールのシミコット村である。水道、電気、ガスのインフラは皆無である。もちろん、交通手段は無く、山間地を歩いて移動するのみである。37年前のことであり、現在の状況は不明である。虫歯も高血圧症も肥満もないのは、砂糖を食べることがほとんどなく、過食もない生活で、その栄養も回虫に横取りされるから、とは言え、飽食（豊食）の世界で、肥満、高血圧、歯科疾患に囲まれて暮らす者にとっては、予防の徹底による効果を突き付けられた思いであった[9][10]。

Ⅷ　CPITN と歯周疾患

　老人保健事業 (第一次) が、歯科からの要望を付帯決議として付され、施行され
たのが 1983 年 (昭和 58 年) で、合わせて老人保健調査事業も進められた。そして
1987 年 (昭和 62 年) は第一次老人保健事業の最終年であり、第二次に向けての見
直し時期でもあった。歯科検診を含めた歯科保健事業を法令事業として位置付ける
よう、日本歯科医師会は精力的に国へ攻勢をかけ続けた。しかし、歯科検診導入に
対する国の否定的見解が明らかにされた。「検診をしたら数十億円はかかる。また
検診は病気の早期発見が目的であり、90% 以上もかかっていることがわかってい
る歯槽膿漏検診をしても意味がない」と [11]。

　この時期、歯科検診に採用される検診法によっては、国の指摘どおりの結果にな
る可能性が多分にあった。実は、乳歯、永久歯を問わず、そのう蝕罹患率も平均う
歯数も高値であることに対して、素朴な質問を受けたことがある。「歯科検診して
どうする?　事後の対応は?」というものであった。検診して、その結果にもとづ
き、所要の対応として、例えば精密検査、処置、指導、相談、追跡対応、そしてこ
のような対応を誰がどのように受け入れ、その記録の整備など一連の作業が伴うの
である。決して検診して終わりではないことから、国民の 90% が罹患する疾患な
らば、量的にも質的にも対応ができるものかと、不安になるのは当然だ。量的に対
応するには、安定した疾患の検出力と高い精度、再現性があり、多数に対応できる
手技、器材などの具備要件が求められる。

　現場での歯科検診で、う蝕の多さを実感し、そして、国の指摘する歯周疾患の多
さにも納得できる日々のなか、恵まれたことに、鈴木は、1982 年 (昭和 57 年) 8 月、
WHO 西太平洋地域事務局主催の「口腔衛生夏季セミナー (フィリピン、レイテ
島タクロバン市)」に参加することができた。そこで、歯周治療必要度指数 CPITN
(Community Periodontal Index of Treatment Needs) なる歯周疾患の地域において治
療を要する量を計る検診法に初めて接し、実地訓練を含む研修で CPITN を学んだ。
そして、この手法は、集団としての地域における歯周治療の必要度を疫学的に量る
ものであるが、個人の検査法としても使用できる可能性を感じていた。このことか
ら、国の指摘に対しては、CPITN で検出される重度所見を適応することで、90%
が罹患する歯周疾患を 10% ほどが罹患する歯周疾患として説明できると見越し、
帰国して CPITN の試行を続けた。そして、1983 年 (昭和 58 年) 11 月には、FDI

東京大会のレポーターを依頼された。レポートは「歯周治療必要度指数 CPITN の適用実績」とのテーマについて、であった。この大会が CPITN を国内に拡散する大きな機会となった。レポートの続編として CPITN を直ぐに試行できるよう、BASIC で組んだ検診結果レポート出力プログラムをも合わせて投稿した [12] [13]。

　CPITN について、鈴木は、疾患量を明らかにすることを目的としているが、最大コード２（歯石あり）は、疾患の原因と量をも明らかにすることから、事後対策には有用とした。事後対策として、最大コード２の者は、除石処置対応となり、ポケットの除去などと比べて処置効果が高く、確認しやすく、フォローすることで、効果を得やすいとの利点がある。CPITN の手技について、WHO 第５版のマニュアルでは、歯石が削除されている。更に、診断は、出血の有無とポケットの深さ（コード１：4-5 ミリ、コード２：6 ミリ以上）を検出し、検査対象歯は萌出している全歯であり、部分診査法（特定歯）は適用されない [14]。

　水野らは、CPITN の有用性、精度について検討し、最大値コード３、４は個人にも適用できることを示唆している [15]。

　成人の歯科健診について、経済ジャーナリストによる歯科関連の記事に、目が留まった [16]。引用する。「健診を行うと、7 〜 8 割は口腔内に何らかの問題が発見されると言われているが、その後、歯科治療や介護保険での歯科関連サービスを利用する割合は必ずしも高くないという」。2017 年の記事であるが、「健診を行うと、7 〜 8 割は口腔内に何からの問題が発見される」との出典を示していない。1987 年（昭和 62 年）当時の 90％と比較して、33 年を経て、問題のある人が 10 ポイント〜 20 ポイント下がったと言えるのか？　どの様に評価できるのか？　また、この健診内容も明示されないので、歯周疾患に限定するものとは言えないが、それでも 7 〜 8 割との評価に、下がったとするか、今でも大きすぎる、との二つの判断がある。いずれかの判断であっても、「その後、歯科治療や介護保険での歯科関連サービスを利用する割合は必ずしも高くないという」、との健診と事後対応が整合していないことが指摘されている。

　このような実態が 8020 運動の成果の一つとは指摘していないが、運動の価値を暗に認めたものなのか、事業費規模が大きくなったゆえの「何かしら」ある魅力が経済ジャーナリストの関心事か、わからない。国民よ、歯科関係者よ、考えるべき、と叱咤激励ととる者がここに一人、そして、歯科に関心を寄せる経済ジャーナリストが一人はおられた。

Ⅸ　歯の寿命

　「Ⅴ　生涯とは 80」の項で「人の寿命にくらべ、歯の寿命が」と「Ⅶ　歯の喪失の理由」の項で「歯に宿る命」と書いた。歯にも寿命があるのである。

　表 5-1 は、1975 年（昭和 50 年）から 1999 年（平成 11 年）までの「歯科疾患実態調査」による歯の種類（歯種、ししゅ）別の歯の寿命である。この期間にいずれの歯種も 9 ～ 10 年、寿命が延びていた。鈴木は 1987 年の実態調査の結果から、最長命の歯は下顎犬歯で 60 年、最短命の歯は下顎第二大臼歯で 42 年を得ている。さらに、1975 年、1981 年の調査報告を加えて、人の寿命と比較している [17]。これより、1947 年（昭和 22 年）頃には、最長命の歯は人の寿命と大よそ一致するが、大多数の歯種では人の寿命よりも短い寿命であり、乖離していることを分析した。この調査期間の 18 年で、人の寿命の延びは歯の寿命の延びを凌いでおり、8020 運動は、この乖離を縮減する運動でもあると指摘している。

　「歯は命に関わらないから」とは、少なからず耳目にしてきた。さすがに、現在では、それこそ「死語」になっているに違いない。積極的な診療を支える機器を持つことなく、検診器材を手に予防に関わり、目の当たりにしたのはう蝕の蔓延であった。「う蝕の洪水」、そして「歯科 110 番」は、特に乳歯歯科治療を受けられない実態を表すメディアの常套句であった。「90％が罹患する歯槽膿漏」に先立ち「90％が罹患するう蝕」を体験しており、食事に影響しない程度のう蝕レベルを目標に、乳歯う蝕予防、そして永久歯う蝕予防を考えさせられた。それは、抜歯のあとには、噛み合わせが不正になり、歯列（しれつ、はならび）が乱れ、これらが咀嚼を阻害しかねないとの恐れを承知しているからである。

　われわれが最も恐れることの一つに、命を脅かされることがあろう。こと今日の医療においては、自分の命の扱いについて、医師からの説明に同意を求められる。あるいは、医療、介護の現場では、終末期の対応に延命医療、緩和医療への意思表示も求められる。この基調には、個人の尊厳があり、尊厳死と語られるようにもなった。死に備える心構えについては、本人、家族が話し合うことまで勧められ、そのような場を、国では「人生会議」と言い、医療の場ではアドバンス・ケア・プランニング（Advance Care Planning：ACP）と言う。

　うがった見方をすると、憲法（13 条、25 条）に依拠する個人の幸福追求権、生存権が表出し、個人の尊厳の立場から、これまでの延命処置の量的問題が質的問題に

表 5-1　歯種別にみた歯の寿命（歯科疾患実態調査　昭和 50 年～平成 11 年）

			年次	中切歯	側切歯	犬歯	小臼歯 第一	小臼歯 第二	大臼歯 第一	大臼歯 第二
男	上顎	左	昭和 50 年	53.2	52.3	52.4	50.3	47.5	48.7	43.4
			昭和 56 年	54.9	53.6	54.7	52.2	49.5	50.7	44.8
			昭和 62 年	56.6	55.6	55.4	53.1	50.7	52.0	46.4
			平成 5 年	59.6	58.0	58.5	55.4	53.1	54.8	47.9
			平成 11 年	62.6	61.9	62.1	58.2	56.2	58.6	52.4
		右	昭和 50 年	53.8	52.3	52.8	50.3	48.3	48.9	44.5
			昭和 56 年	54.4	53.5	54.6	52.1	49.7	51.8	45.2
			昭和 62 年	56.4	55.7	56.0	52.8	50.9	51.9	47.0
			平成 5 年	58.9	58.1	58.1	55.4	53.6	55.0	48.8
			平成 11 年	62.2	61.5	61.8	58.5	57.3	58.9	51.9
	下顎	左	昭和 50 年	58.6	58.9	59.0	54.1	48.0	43.3	41.0
			昭和 56 年	59.7	59.9	59.9	55.7	49.4	44.5	42.3
			昭和 62 年	61.0	61.4	62.0	57.2	50.9	46.0	43.3
			平成 5 年	63.3	63.8	64.7	59.5	53.0	49.7	45.5
			平成 11 年	66.6	66.6	66.7	62.6	57.0	55.2	50.0
		右	昭和 50 年	58.2	58.4	58.7	53.9	48.5	43.4	42.2
			昭和 56 年	59.6	60.2	61.1	55.9	50.4	45.2	42.1
			昭和 62 年	60.8	61.3	61.7	57.4	51.4	46.9	43.7
			平成 5 年	63.8	63.7	64.4	60.0	53.6	50.3	46.7
			平成 11 年	66.3	66.4	66.7	62.3	57.9	55.5	51.0
女	上顎	左	昭和 50 年	49.4	48.1	48.9	46.7	43.7	44.7	38.5
			昭和 56 年	52.4	50.4	51.0	49.0	45.8	47.0	40.4
			昭和 62 年	54.0	52.4	52.8	49.9	46.8	49.1	41.5
			平成 5 年	56.9	55.4	55.7	52.6	49.6	52.4	45.2
			平成 11 年	61.3	59.8	60.5	58.0	55.1	57.4	50.8
		右	昭和 50 年	49.3	47.8	49.7	46.4	44.0	45.0	38.9
			昭和 56 年	52.5	51.0	51.6	48.8	46.0	47.4	40.5
			昭和 62 年	53.8	52.3	53.2	50.5	47.1	49.1	42.2
			平成 5 年	56.7	55.3	55.9	53.1	50.3	53.5	45.3
			平成 11 年	61.4	60.2	60.8	58.3	55.8	57.9	50.6
	下顎	左	昭和 50 年	55.2	55.3	55.7	50.0	43.4	37.0	36.9
			昭和 56 年	57.6	57.7	57.3	51.9	45.3	39.3	38.9
			昭和 62 年	58.9	58.7	58.5	52.9	47.1	42.6	40.9
			平成 5 年	62.2	61.7	61.8	56.7	50.6	46.5	44.7
			平成 11 年	66.1	65.9	65.8	60.7	54.9	51.9	49.4
		右	昭和 50 年	55.7	55.0	55.6	50.1	43.6	37.8	36.9
			昭和 56 年	57.8	57.2	57.9	52.5	45.9	40.8	39.3
			昭和 62 年	59.0	58.6	59.1	53.9	47.3	42.6	41.8
			平成 5 年	62.2	61.9	61.2	56.2	50.1	46.7	44.4
			平成 11 年	65.9	65.3	66.2	60.6	54.7	51.6	49.9

（出所）厚生労働省「歯科疾患実態調査」。

変容した、とも考えられる。これまでは、今のように命、自分の体、生活を自分で
決めることが面前で語られることはなかった。が、歯の処置として、正面切って、
「抜いてくれ」と初診時に希望を伝えられることは結構あり、それは、自らの歯の
生命を放棄した行動にしか思えなかった。しかし、自らの命を自ら決定する時代に
なって、歯の命を自分で決定するのは当然なのかもしれないが、抜歯により歯の命
を終えることが、歯の場合には、その後の「生命」を育む基本である栄養摂取に与
える咀嚼障害が後遺することをも考えなければならぬのである。

　抜歯希望に、歯科医師は「はい、そうしましょう」と即答することはない。抜歯
が適正な処置であるかを診断し、受診者と相談し、抜歯処置を決める。逆説的だ
が、咬合を確保するための抜歯もやむを得ない処置であるが、一本の歯は、咬合に
関しその歯一本分の咬合能力でしか役割を果たすことができない。抜けた一本の歯
の咬合機能を残された歯でこれを補うには、一本が一本以上の咬合機能を果たさね
ばならず、歯にとっては、耐荷重を超えるのである。この荷重を支えるのが歯周組
織で、それらは、顎の骨（顎骨、がっこつ）と歯の根（歯根、しこん）を収める歯槽
（しそう、歯を顎骨に納める）、そこを覆う歯肉（しにく）がある。歯根は歯根膜（し
こんまく）なる緩衝組織を介して、歯槽に納まり、顎骨に固定され、歯と顎骨の周
囲を歯肉が覆っている。思い切り良く噛みこんでも、歯根膜はその荷重を和らげる
役割を果たし、荷重はこの歯根膜が受け止める。受け止める荷重には限界があり、
長期にわたり超荷重を受けることで、歯周組織が疲弊し、歯がぐらつき、いわゆる
歯周疾患の兆候を見せ始める。荷重のみならず、歯の根元周囲、その深部に付着す
る歯垢（しこう、プラークとも呼ばれる）や歯石が歯周組織に害をもたらすこともあ
る。

　今、自分の永久歯数を 28 本とすると、28 本は上顎に 14 本、下顎に 14 本の歯が
円弧状に並ぶ歯列を形成し、前方部では、上顎の歯列が下顎の歯列を覆うようにし
て、上下それぞれの歯 1 本に対し 2 本がお互いに向かいあうように緻密な咬み合わ
せで咬合し、咀嚼に関与するのである。いずれの歯であれ、一本が喪失すると、歯
列の後ろから前方に圧される力で、その抜けた空隙を埋めるように歯は移動する。
すると、1 対 2 でかみ合った咬合が阻害され、本来の咬合能力が減退する。歯が本
来の位置から移動するばかりか、1 対 2 の向かい合いが損なわれ、極端な場合、歯
が咬み合う水平面を超えて、下の歯は上方向に、上の歯は下方向に、ジワジワと突
出してくるのである。長い間の咬合により、その突出した分のみならず、咬合する

歯面が擦り減る咬耗（こうもう）が起こる。1 本の歯の命が終わることで、咬合不正、咀嚼障害の原因となり、その無くなった歯が負担した分の咬合機能を、残された歯で分担し、それぞれの歯は超荷重となる。これらは無意識下での補償作業として、休むことなく進行する。1 本の歯が全て、全ての歯が 1 本のワンセットで咬合が成り立ち、歯が 1 本欠損すれば、そこを補綴（ほてつ）し、セットを維持しなければならぬのである。このセットの中には、口腔周囲の筋肉組織、顎関節、味覚嗅覚唾液分泌などの神経支配、そして、体に対する頭の位置が適正に保たれる全身のバランスも含まれる。この頭の位置については、乳児の首が座る前には離乳食に移行せず、横になったまま食事をすることの難しさを思い描くことで十分に理解できる。

　そして、口腔内に存在する歯の寿命を超えて、歯は歴史を語る化石証拠として、残遺することもある (18)。

Ⅹ　8020 の科学と文化

　老人保健法の保健事業としての歯科基本健診導入が難しいことから、新たな方策を模索するなかで提唱された 8020 である。8020 の曖昧さについて、研究者からは指摘があるが、曖昧さ故に科学的検証が求められ、一方、曖昧さ故に受容されやすいこともあるのではないだろうか。取り残された保健事業に歯科保健事業が組み込まれるには曖昧な 8020 ではあるが、たくましく根を伸ばしていた。チャンスを逃さず飛躍を待っていたかのようである。

　2001 年（平成 13 年）、静岡県歯科医師会長の大久保は、8020 を歯科界で実効の上がる状況に推進しようと「フォーラム 8020」を企画開催した。その大久保の回想に「いま、日本中をひとつの妖怪が歩き回っている。8020 という妖怪が……」と。続いて「正確には妖怪でなく幽霊だろう。見える人もいるようだが皆に見えるわけではない。なにより生活の現場に根をおろす足がない。捜してみれば実体のない幻」、とその背景を述べている。大久保はその後も、歯科医師会員の協力を得るべく、研修会を継続開催した。8020 の推進にかける真剣さが伝わってくる。さらに、続けて「この 8020 の科学的評価の場を仮に科学装置と呼ぶとすれば、地域における評価の場を、私は文化装置と呼びたい。なぜなら 8020 はすぐれて人間の生き方のスタイル、つまり文化に関わる運動であるから。そのためには、その場が科

学では扱い得ない人間の生の意味や役割を含んだトポス（濃密な意味をもった場）として機能することが要求されるからだ」と科学と文化の考え方に立つ 8020 を説いている [19]。その大久保は、2006 年（平成 18 年）に、日本歯科医師会会長に就任し、2015 年（平成 27 年）まで、その重責を務めた。

　そして、2012 年（平成 24 年）には、「結果として 8020 というところに目標を置く。いま思うとそこから新しい価値観みたいなものが歯科の中に生まれたのかなと思います。それが歯科医師会全体に大きく受け入れられた」と、述懐している [20]。これは、幽霊の 8020 が現実に足を地につけた瞬間を表した大久保の言葉であろう。歯科医療関係者はもとより、歯科保健行政に関わる方、そして生活の主である住民、否、国民に対して、日本歯科医師会長としての重責を果たした安堵感が伝わってくる。

　厚木ワークショップに関わった一人として、ワークショップは幽霊を作り出したのか、と驚いた。と同時に、8020 に、知らずに込められた熱情、言霊の力を、大久保が霊力として感じたその感性にも驚く。その感性のもと、白日の下に晒された 8020 に、知についた科学と地についた文化の魅力を与え、新たな価値観として、誰をも巻き込む力が備えられたのだ、と納得している。

　保健事業は、生まれてから亡くなるまでの人生、いかに一貫して、健康を育み、長寿社会の一員としてその生を終えるか、その手助けする。国民としての権利・義務を前提に、健康づくりが、そして医療・歯科医療が、そして介護がその枠組みを整える。そして、8020 の足がついた地、それは実践の場であるが、「地域とは、そこに生活している人々が、一人一人結びつき、その人達による自治のもとで生活文化にかかわる活動が進められている場」との、8020 を支えた西の言葉が蘇る [21]。

XI　歯科の標語

　毎年 6 月には「歯と口の健康週間」が、その年の標語とともに、国民の歯科保健普及啓発事業として開催される。日本歯科医師会は、それらの標語を 1928 年度（昭和 3 年度）から 2020 年度（令和 2 年度）までの 93 年度分（一部標語なし）を公開している [22]。これらの標語をみると、「噛むこと」と「時間」と「健康」の要素が主体となっており、「一生自分の歯で食べよう」との標語を誘導した、歯科の根底に横たわる概念を知る一助になる。また、開始当初は、教訓的であった標語が、示

唆的に自主性を促す表現に変更してきたとも感じられる。

　以下、標語の分析概要である。

　「かむ・かみ」を含む標語は「よい歯で　よくかみ……」の表現として 32 回採用され、通算期間の約 35％を占めるほどに、頻繁に用いられていた。「時間」の観念を表す用語（次の括弧の数字は採用回数）として、「いつまでも（7）」「未来（3）」「長生き（3）」「寿命（2）」「ずっとずっと（1）」「80 年（1）」で、17 回発表され、18％を占めた。「80 年」は 1997 年度（平成 9 年度）の作品である。健康をアピールする直接的表現としての「健康」は 12 回、「口」を取り上げた標語は「歯と口は　健康・元気の　源だ」の 1 件であった。「歯」の文字は含まれるが、用語としての「歯列」として使用された標語は「正しい歯列で　輝く健康」、そして、全く「歯」の文字を含まない標語もあり、「ごちそうさま　おはしをブラシに　持ちかえる」それぞれ 1 件であった。

　これらの標語のうち、「よい歯で　よくかみ　よいからだ」について、安藤らは、この標語の科学性について、歯科関係者は無頓着であった、と指摘している [23]。標語であっても、科学的に明らかに不都合があるものは、排除されて当然であるが、標語が一律に全て科学的であることを要しないとも考えられる。32 回採用された「よい歯で　よくかみ……」の標語中、30 回採用された「よい歯で　よくかみ　よいからだ」について、安藤らは、緻密で科学的な分析を行った。それによると、「よい歯で　よくかみ」は、よい歯なら、よく噛めるとの因果関係は確立しているが、「よくかみ　よいからだ」について、関係する報告を集約し分析するも、不明な部分が多く、因果関係が確立していない現状にあることを指摘している [23]。しかし、「よくかみ　よいからだ」の因果関係は、歯科関係者を含めて生活レベルにおいて素直に受容されており、頓着の対象として意識していなかったものと思われるが、当然のことながら、意識を改める科学的証明は必要である。

Ⅻ　女性高齢者の健康状況と生活習慣を 8020 の視点で

　歯数 20 本を保健行動の基準にして、尚ら [24] は、愛知県名古屋市の老人福祉センターで開催される「健康体操教室」への参加者を対象に、自記式無記名質問紙による調査を実施し、65 歳から 94 歳の女性 537 人について、年齢、BMI、現在歯数、日常生活動作、生活習慣、主観的健康度について解析を行った。その結果、対象群

は平均年齢75.3歳（標準偏差5.7歳）、BMIは対象の75％が18.5以上25.0未満で、日常生活動作「立ったままズボンやスカートをはく」ことができない者が、80歳未満の年齢区分で0～1.3％であったが、80～84歳、85歳以上でともに7.1％と有意に高く、1時間以上歩ける者は79歳未満の年齢階級では45.4％以上であったが、80～84歳で31.6％、85歳以上では27.3％と低率であったが、80歳以上の60％の対象者は「20～30分程度」が高率であると報告した。これらの結果から、「健康体操教室」参加者の80歳以上で日常生活動作の低下があることを明らかにし、適切に予防を支援する必要があるとの結論を得た。また、現在歯数は、義歯の使用の有無を問わず、20歯以上と19歯以下の2グループとしたところ、65～79歳の各年齢階級では、2016年（平成28年）の「歯科疾患実態調査」と比較すると、0.4～8.0ポイント低い率であったが、「国民健康・栄養調査」との比較では80～84歳、85歳以上それぞれで42.4％、20.8％であるのに対して、本研究では57.1％、57.1％で、それぞれ14.7、36.3ポイントの高い割合であることが知られた。中山ら[25]は、現在歯数が20歯未満と関連がある要因は「運動が1日30分未満」であることを報告しているが、本研究対象の80歳以上の57.1％が現在歯数20歯以上を保持していることは、歯の健康維持に高い意識を持っていることを類推している。本研究では、80歳以上の研究対象者の日常生活動作に低下を認めているが、この歯数との関連については言及していない。8020の見地から、高い主観的健康度を有する研究対象の健康意識、特に主観的噛める満足に及ぼす歯数との関連については、今後の研究課題としたい。また、乳幼児期の口腔と二足歩行の発達を念頭に、高齢者における食事と歯数、そして自立歩行とADL維持促進の要因として、平野ら[26]の、「咀嚼能力の維持には、歯数の維持などの口腔ケアに加えて、全身機能、特に歩行機能の維持が重要な因子である」との指摘を考慮して、「ふまねっと運動」による成果についても研究課題としたい[27]。

XⅢ　乳歯、永久歯の保全、8020の視点で

1　永久歯萌出直後のシーラント処置調査から（尚ら[28]）

　2008年（平成20年）に中国政府主導により始められた「全国児童口腔疾病総合介入プロジェクト」（略称「う蝕予防プロジェクト」）の一環として、中国上海市において実施された小学生のシーラント処置は、小学校3校で、2年生（7～8歳）359

名が、保護者の了解を得てシーラント処置がなされた。処置に同意した保護者は約
70％、一人平均2本の処置数であるとの対策の実態を報告した。課題として、学
校での口腔健康づくりの強化と保護者への啓発活動を挙げている。啓発活動は、中
国政府のプロジェクトの一環として、毎年9月20日を「愛歯日」として定め、歯
科保健普及促進に努めた。また、2018年には「口腔健康、全身健康」を掲げ、多
様なメディアを動員し啓発活動を推進した。このような標語と動員されるメディア
による効果に関する評価を検討しており、う蝕予防プロジェクトの推進と合わせて
行われた2019年の「第4回全国口腔健康疫学調査」報告には、児童へのシーラン
ト処置が2017年までに累積で516.8万人であったとのことから、本上海事例との
比較検証を課題としつつ、毎年の標語についても、標語の内容を科学的な視点から
の分析により、さらに効果的な標語、メディア活用が得られることを期待する。

　さらに、乳歯から永久歯へ、そして生涯をとおした「口腔健康、全身健康」、「中国
版8020運動」などのシステム化のため、現行システムを検証し、統合化を図りたい。

2　未処置歯の有病状況と治療状況調査から（尚ら[29]）

　本調査も、上述の調査同様に、2008年に中国政府主導により始められた「全国
児童口腔疾病総合介入プロジェクト」（略称「う蝕予防プロジェクト」）の一環とし
て、中国上海市において実施された小学校3校における未処置状況と処置状況につ
いての現況調査である。結果として、未処置有病者率は小学校1年生で71.9％、2
年生で80.5％と高率であるが、以降、高学年にかけて系統的に低下し、6年生では
37.1％であった。この時一人平均未処置数は、1年生の4.2本、2年生の4.5本から
5年生の2.4本と減少していた。これは、混合歯列期における乳歯と永久歯の交換
時期であり、児童が長じることでう蝕乳歯が脱落し、健全な永久歯が萌出すること
から、う蝕罹患状況が改善したものと考える。児童の治療状況は、1年生、2年生、
5年生の受療率が60〜70％に対して3年生、4年生では30〜20％との結果であっ
た。この中だるみ状況は、3年生、4年生で乳歯う蝕が重症化し、学校歯科の対処
外となり、その後の結果に反映されないことを考察した。

　このような混合歯列期における萌出直後の永久歯う蝕予防には、乳歯の治療によ
り、容易に、う蝕に罹患する口腔内を改善することがあり、これは児童の食生活と
強い関連がある外的環境としてとらえ、成長期であるとともに高齢期への良好な口
腔内環境の保全維持のための対策が課題となる。

　そこで、上海市の現況改善を図るべく、乳歯う蝕予防と永久歯う蝕予防につい
て、愛知県と愛知県歯科医師会が実施した「歯のパスポート」を用いた事業により
得られた第一大臼歯のう蝕増加抑制策や鈴木ら [30] のコホート調査による幼児（3
歳）と永久歯（9歳）萌出直後のう蝕予防の報告を参考に、経済発展の著しい上海
での子どもの生育環境を是正しつつ、高齢期の口腔保健環境整備を念頭に、児童期
からのう蝕予防を推進することが急務であることを認識した。

XIV　口腔と全身との関係

　8020運動は、「80歳になっても自分の歯を20本以上保ちましょう」とのスロー
ガンのもと進められてきた。20本以上自分の歯を保つことで、噛みにくい酢だこ
が噛めることから、たいていの食品を噛めることを説明したが、よく見ると、この
スローガンには、「よい歯で　よくかみ　よいからだ」の標語のように「からだ」と
直接的に関連付けていない。加えて、「健康」も明示されていない。「よくかみ　よ
いからだ」の標語に親しんだ者なら、「噛めると健康になる」との刷り込みや体験
が生きている、と考えている。噛めるのに必要な歯数20は無機的であるが、「か
らだ」、「全身の健康」と、暗黙のうちに瞬時に、質を考える誘導効果があるものと
考える。しかし、現場からは、より正確に自信をもって説明できる研究成果が求め
られる。石井は、8020運動は「口腔保健と全身的な健康の関係」などの研究の必
要性を惹起したものであった、と指摘している [31]。以下、主な動きの紹介である

1　1992年（平成4年）

　日本歯科医学会は、咬合・咀嚼と全身機能との関わりあいについては未知の分野
であり、体系化されていないことから、従来の歯学の範疇にとらわれず、極めて広
い学際的視野に立ち討論を重ね文献を網羅することを合議し、その分類項目を便宜
上次のように11区分とし、文献を収集した [32]。
　「A.脳神経系との関連、B.全身発育との関連、C.姿勢・頭位・筋平衡との関連、
D.人類学的・進化論的な関係、E.全身の骨組織との関係、F.発音・聴覚・視覚・
味覚などとの関連、G.スポーツ・運動との関連、H.心理・精神発達との関連、I.疼
痛・全身疾患との関連、J.一般向け啓蒙書・成書類、K.歯科領域のみにおける咬
合・顎運動・顎関節との関連」

　検索された論文は 1990 年 1991 年の 2 年間に 1,110 件であり、最も多く検索され
たのは「K. 歯科領域のみにおける咬合・顎運動・顎関節との関連」の 828 件であっ
た。しかし、これらの論文中、他の A. 〜 J. 区分にまたがり区分された論文は皆無
であった。咬合・咀嚼と全身機能との関わりが未知の分野であると表現するよう
に、歯科の特徴である咬合、咀嚼は歯科独特の領域であり、これとまたがる研究区
分を明確に分けるに至らなかった実態が知られる。

　調査時点である 1990 年、1991 年は、8020 運動が提唱された後であるが、8020
運動に関する言及が見られない。8020 提唱後の動きとして記載した。

2　1996 年（平成 8 年）

　厚生科学研究費による初めての大規模な研究が「口腔保健と全身的な健康状態の
関係についての研究」を課題として実施された。

　その目的は、「提唱される 8020 運動のいう 8020 達成者が全身的な健康状態も優
れているのかどうかについては明らかにされているわけではないので、口腔保健が
全身の健康状態に影響を及ぼしている状況を客観的に評価し、数値目標の基礎デー
タを得ることを目的とする。更に、8020 運動を推進する目的で、各都道府県にお
けるデータバンクの構築状況をはじめ、地域保健のサイクルの稼働状況を把握する
アンケート調査を行うこと」であった。

　結論として、8020 達成者は多くの全身的な項目で非達成者よりも優れているこ
とが示唆されたが、8020 運動を推進するのに不可欠な、地域データバンクの構築
が遅れていた、とされた。

　このあとも引き続き関連する研究が推進され、8020 データバンクが創設され
た[33][34]。

3　2016 年（平成 28 年）

　歯科総合研究機構は 230 万件の医療情報と歯科情報の統合分析結果として、20
本以上の歯を有するグループの医療費が 19 本以下の歯を有するグループより、低
いことを公表した。これは、あらゆる年齢層、男女を問わずに共通するものであ
り、8020 運動の理念の正当性、選定性を立証するもので、8020 財団理事長は、こ
れをもって、「口腔の健康を保つことで全身の健康を増進できることを深く理解し
てもらうことができる」とした[35]。

4　「8020 推進財団」(36)

　宮武は、「8020 運動」はまさに国民運動として、今後、一層の充実発展が望まれ、その一環を担っている「8020 推進財団」の役割は、ますます重要になる、と期待を込めて、「8020 運動」の 30 年をふり返り、その将来を展望している (37)。その 8020 推進財団について、財団案内から抜粋する。

　「8020 推進財団は、日本歯科医師会が提唱し、団体・企業のご協力により、平成 12 年 12 月 1 日、厚生大臣（現厚生労働大臣）の許可を得て設立されました。なお、新しい公益法人制度が平成 20 年 12 月 1 日に施行され、本財団は内閣府・公益認定委員会の認可を受け、平成 23 年 4 月 1 日より公益財団法人としてスタートいたしました。」

　「『8020 推進財団』は、80 歳になっても自分の歯を 20 本以上保つことで、高齢社会における国民の積極的な健康づくりに寄与することを目的に、広く国民運動を展開しようとする趣旨で設立された団体です。そのためには、8020 運動の推進、8020 に関する情報収集および調査研究を集積し、その内容を積極的に情報公開する必要があります。本財団の設立によって、その中心的役割を担おうとするものです。」

　そして、次の 4 点を柱として掲げている。

　(1)　8020 運動の推進
　(2)　8020 に関する調査・研究の推進と支援
　(3)　8020 に関する研究成果の国内外への発信
　(4)　新たな生活文化としての国民運動の展開

XV　8020 到達時期

　この 8020 運動が世に広く知られる契機は、冒頭に述べたように 1989 年（平成元年）である。そして直近の「歯科疾患実態調査」は 2016 年（平成 28 年）に実施され、図 5-1 に示すように、8020 達成者率が 51.2 ％であることが公表された。これは、国が定めた平成 34 年度（2022 年）に 50 ％に到達するとの目標を達成したことを意味しており、しかも、目標年度に 6 年先行しており、計画最終年度には目標値をどれほど上回るのか、との関心が強まる。

　現行の歯科保健は、「健康日本 21（第二次）」に、次のとおり定められている。

「国は平成 24 年 7 月 10 日、国民運動として、二十一世紀における第二次国民健康
づくり運動（健康日本 21（第二次））を平成 25 年度から平成 34 年度までの実施期間
とする旨、告示した」。歯・口に関しては、「第二　国民の健康の増進の目標に関す
る事項、二　目標設定の考え方、5　栄養・食生活、身体活動・運動、休養、飲酒、
喫煙及び歯・口腔に関する生活習慣及び社会環境の改善、（6）歯・口の健康」の項
目へとたどり着く。その説明の末行に「当該目標の達成に向けて、国は、歯科口腔
保健に関する知識等の普及啓発や『8020（ハチマルニイル）運動』の更なる推進等
に取り組む」、とある。具体的目標は、別表第五の（6）の②のアに記載されてお
り、「80 歳で 20 歯以上の自分の歯を有する者の割合の増加」、とある。その目標は、
「策定時の現状値、平成 17 年の 25％を事業最終の平成 34 年度には 50％」と定め
られ、「データソースとして厚生労働省『歯科疾患実態調査』」と規定される国家事
業である (38)。

　8020 達成者は、実に 1987 年の 7.0％から 2016 年の 51.2％に至り、80 歳の二人
に一人は、20 歯以上の自分の歯を有することが、世に知らしめられたのである。
目標が達成されたことから、目標達成時期の推定は不要と思われるが、これまでの
推定が、不可能と思われた目標達成を身近にする役割を果たした意義は大きく、こ
れまでに入手できた 8020 達成時期の見込みについて、以下に紹介する（項番に続
く年号は予想を発表した年、続く年号は達成予想年）。

　①1992 年　2025 年、75％が 20 歯を保持している（宮武）(39)。所要期間：33 年。
　②1995 年　2065 年〜 2071 年、（田浦）(40)。所要期間：70 年〜 76 年。
　③2003 年　2010 年、健康日本 21（第一次）の目標値 20％以上（瀧口）(41)：所要
　　期間：7 年。（鈴木注、2006 年の中間評価結果 25.0％を得て、目標を達成。）
　④2004 年　2014 年〜 2019 年、（石井）(42)。所要期間：10 年〜 15 年。
　⑤2006 年　2040 年、（安藤）(43)。所要期間：34 年。
　⑥2018 年　2036 年、（口腔衛生学会 (44)）。所要期間：18 年（80 〜 84 歳で達成者率
　　100％）。

　以上の到達時期予想で、的中は④の石井で、2004 年の時点で 12 年後の 2016 年
となる。次いで、期待の高まるのは①の宮武である。

　石井、宮武は、厚生省、厚生労働省で歯科保健医療経済行政の要職を務めた方で
ある。

XVI　おわりに

　「8020、そこから新しい価値観みたいなものが歯科の中に生まれた」、と大久保は、8020 を振り返り、所感を述べていることは先述のとおりである。

　新しい価値の一つに、8020 は、「人の命」、「歯の命」、寿命を明らかにした、と言えないだろうか。単純な数字のならびで、80 にも 20 にも親しみを感じる。それは多分、80 ＋ 20 ＝ 100 の感覚が作用していることもあるだろう。パレートの法則に順じるなら、8020（ハチジュウニジュウ）の法則も成り立ちうるのでは、と考えてみた。

　人生 100 年とも言われるその 80％が 80 年、20 は 20％の数字をそのまま流用して 20 なら、8020 でもある、とこじつけた。過酷な口腔内環境でなんとか保持した 20 本の歯が、80 年を過ごし、さらに生命、歯の命を延伸する時代である。親の保護のもと従属する栄養形態の哺乳から、独立栄養摂取を獲得し、そして自立歩行を確立し、生きるために歩き食物を得て、それを摂取するための根源的な口・歯を守護するなら、乳歯 20 本に続き、少なくとも永久歯 20 歯を維持しようとする 8020 は、これを超える目標の存在と実質的な「新しい価値」を知らしめる目標でもある、と言えるのではないだろうか。

　今、8020 を振り返り (45)、人の命、歯の命を通底的に考え、たかが「歯」されど「歯」である、との理解を深めた国民から支持され、8020 運動は人一世代 30 年を迎えることができたのである。このために尽力された方々にとって、それぞれの 8020 があることだろう。その一つに、足が地につかぬ幽霊の 8020 を、文化の力と新しい価値を育む 8020 運動とした事例は、特に印象深い。その整えられた形が、さらに姿かたちを変え 9020、8024、8028……になろうが、人の命、歯の命を更に「健康」にすることで、そこには、来るべき次代のヒト、人の社会があり、それも、知に、そして地に足をつけ、存在を見せつける社会が。

【注】
(1)　成人歯科保健対策検討会「『成人歯科保健対策検討会中間報告』平成元年 12 月」『老人保健法に基づく歯の健康教育、歯の健康相談の担当者となったら』東京、日本歯科評論社、1990-05-08、第 1 版 2 刷、pp. 151-156。
(2)　冬ゼミ・厚木ワークショップ「老人保健法における歯科保健事業を効果的に進めるに

　　　は」『日本歯科評論』1987、No. 537、pp. 91-141。

(3) 山本為之「総義歯臼歯部人工歯の配列について（2）―特に反対咬合について―」『補綴臨床』1972、5、pp. 395-400。

(4) 五十嵐奈美子・鈴木恵三「死亡者の生前歯科保健の状況について」『日本公衆衛生雑誌』1993、40（10）、p. 1092。

(5) 鈴木恵三・石井拓男・後藤真人ほか「『めざそう 80 歳　欠損歯は 10 歯まで』、成人歯科保健のねらう水準」『日本歯科評論』1987、No. 537、pp. 97-104。

(6) 岩坪晧子・鈴木恵三・今西秀明「3 地域におけるチベット系住民の口腔状態の比較 I―智歯の萌出について―」『口腔衛生学会雑誌』1991、41（1）、pp. 16-22。

(7) 鈴木恵三「デンタル・フォーラム モービル・クリニック」『日本歯科評論』1985、No. 517、p. 101。

(8) 鈴木恵三・石井拓男「北海道における抜歯の理由について」『口腔衛生学会雑誌』1987、37、pp. 568-569。

(9) 鈴木恵三「西北ネパール・シミコット村にみた歯科保健」『北海道の公衆衛生』1984、10、pp. 24-33。

(10) 大湊茂・岩坪晧子・鈴木恵三ほか「西北ネパール・シミコット周辺地区における高地住民の健康調査（第一報）―住民の生活実態と無料医療サービス―」『日本公衆衛生雑誌』1983、30（11）、p. 182。

(11) 日本経済新聞「歯科検診採用されず」1987 年 1 月 7 日。

(12) 鈴木恵三「オープンフォーラム『歯周治療必要度指数 CPITN の適用実績』に参加して」『日本歯科評論』1984、No. 496、pp. 101-106。

(13) 鈴木恵三「歯周治療必要度指数 CPITN（Community Periodontal Index of Treatment Needs）について」『日本歯科評論』1984、No. 497、pp. 190-197。

(14) WHO, *Oral Health Surveys: Basic Methods – 5th Edition*, Geneva, Switzerland, 2013, pp. 47-50.

(15) 水野照久・石井拓男・鈴木恵三ほか「成人歯科健診における地域歯周疾患治療必要度指数（CPITN）の適用について」『日本公衆衛生雑誌』1987、34（8）、pp. 421-429。

(16) 田中陽香「口腔の健康から全身の健康へ」みずほ情報総研ウェブサイト、2017 https://www.mizuho-ir.co.jp/publication/column/2017/0912.html（参照 2020 年 6 月 26 日）

(17) 鈴木恵三「歯周病の罹患状況とディマンド」『日本歯科医師会雑誌』1990、43（5）、pp. 557-563。

(18) Peter S. Ungar, *Evolution's Bite: A Story of Teeth, Diet, and Human Origins*, New Jersey, Princeton University Press, 2017.

(19) 大久保満男「8020 の科学と文化　8020 地域歯科保健活動の現場から」東京、日本歯科評論社、2001、pp. 10-14。

(20) 武見敬三・大久保満男対談「健康長寿のために歯科の果たす役割」『8020』2013、12、pp.8-15　https://www.8020zaidan.or.jp/pdf/kaishi/ritaida_vol12.pdf（参照 2020

年 6 月 26 日）

(21) 西三郎「夏ゼミにつけられた"地域"をあなたの生活の中で実現を！」『第 8 回地域歯科保健ゼミナール（夏ゼミ）報告集』1991、p. 141。

(22) 日本歯科医師会「歯と口の健康週間」ウェブサイト https://www.jda.or.jp/enlightenment/poster/index.html（参照 2020 年 6 月 26 日）

(23) 安藤雄一・宮﨑秀夫「口腔健康状態と咀嚼機能および全身的健康状態の関連」『補綴誌』1998、42、pp. 167-174。

(24) 尚爾華・加藤利枝子・中川弘子ほか「女性高齢者の年齢階級別にみた健康状況と生活習慣に関する調査─地域の体操教室の参加者における調査─」『東海公衆衛生雑誌』2019、7（1）、pp. 114-119。

(25) 中山佳美・森満「高齢者で歯を 20 本以上保つ要因について─北海道道東地域におけるケース・コントロール研究─」『口腔衛生学会雑誌』2011、61、pp. 265-272。

(26) 平野浩彦・渡辺裕・石山直欣ほか「老年者咀嚼能力に影響する因子の解析」『老年歯学』1994、9、pp. 184-190。

(27) 鈴木惠三・尚爾華・中野匡隆ほか「ふまねっと®運動、東海地方のひろがり」『東海公衆衛生雑誌』2020、8（1）、p. 42。

(28) 尚爾華・郭芳・楊叶ほか「上海市小学生におけるシーラント処置状況に関する調査─一次予防の実施状況と児童の口腔衛生環境について─」『東邦学誌』2019、48（1）、pp. 59-63。

(29) 尚爾華・徐静・王慧華ほか「上海市小学生における未処置歯の有病状況と治療状況に関する調査─二次予防の実施状況と児童の口腔衛生環境について─」『東邦学誌』2019、48（1）、pp. 65-70。

(30) 鈴木惠三・筒田真実・杉田泰宏「コホート調査による、早来町学童の三歳と小学一年のう蝕罹患とフッ素塗布」『第 31 回北海道公衆衛生学会講演集』1979、p. 23。

(31) 石井拓男「8020 運動の意味と問題点」『補綴誌』2005、49、pp. 168-178。

(32) 福原達郎「咬合と全身の機能に関する調査研究」『日本歯科医学会雑誌』1992、11、pp. 129-178。

(33) 口腔と全身の健康についての研究事業運営協議会監修「口腔保健と全身的な健康」東京、口腔保健協会、1997。

(34) 厚生科学研究「口腔保健と全身的な健康状態の関係」運営協議会「咬合状態に起因する他臓器の異常」東京、口腔保健協会、2000。

(35) 公益財団法人 8020 推進財団「8020 運動 30 周年記念誌」2020 https://www.8020zaidan.or.jp/viewer/30th_8020_30th_Book.html（参照 2020 年 6 月 26 日）

(36) 公益財団法人 8020 推進財団ウェブサイト https://www.8020zaidan.or.jp/index.html（参照 2020 年 6 月 26 日）。

(37) 宮武光吉「『8020』運動の 30 年をふり返り、その将来を展望する」『第 15 回フォーラム 8020』日本歯科医師会館、2017、pp. 4-6。

(38) 厚生労働省告示第四百三十号 https://www.e-healthnet.mhlw.go.jp/information/

21_2nd/pdf/notification_a.pdf（参照 2020 年 6 月 26 日）

(39) 宮武光吉「厚生省と 8020 運動」『日本歯科医師会雑誌』1992、45（1）、pp. 22-24。

(40) 田浦勝彦・坂本征三郎・Chester W. Douglass ほか「歯科疾患実態調査成績から予測する日本人の 8020 の到達時期」『口腔衛生学会雑誌』1995、45、pp. 28-34。

(41) 滝口徹「歯科保健行政と EBHP」『J. Natl. Inst. Public Health』2003、52（1）、pp. 3-10。

(42) 石井拓男「8020 運動の経過とこれからの課題」『第 4 回フォーラム 8020』日本歯科医師会館、2004、p. 9。

(43) 安藤雄一「日本の歯科疾患の実態　歯科疾患実態調査・8020 財団の抜歯調査などから」『J Health Care Dent.』2006、8、pp. 19-29。

(44) 口腔衛生学会「学会声明」『口腔衛生学会雑誌』2018、68、pp. 125-126。

(45) ヒョーロン・パブリッシャーズ「『8020 運動』とヒョーロン」『日本歯科評論』2019、79（2）、p. 179。

第6章　高齢期をいきいき過ごすための口腔の健康
—名古屋市高齢者における調査報告の紹介—

尚　爾華・野口　泰司・中山　佳美

内閣府「平成30年版高齢社会白書」では日本は高齢化率が27.7％と主要国の中で最も高く、この20年間で高齢化率が約2倍に増加した。そこで、高齢者の健康づくりのガイドラインとして、東京都健康長寿医療センター研究所が2017年に策定した「健康長寿のための12か条」では、第1に食生活「いろいろ食べて、やせと栄養不足を防ごう」、第2にお口の健康「口の健康を守り、かむ力を維持しよう」となっている。中年期までの食事は高血圧、糖尿病などの生活習慣病の予防に重点を置くことが多いが、65歳以上の高齢者には、食事を十分にとれないことによる低栄養になることを防ぐことが重要になってくる。口腔状態が食事のとり方に大きな影響を及ぼし、特に歯の喪失をはじめとする不良な口腔状態は、栄養の吸収にも、脳の活性化にも、かむ力の低下が大きなリスクである。更に、近年の国内外の研究から歯の喪失が認知機能低下を促進する可能性が報告されている。竹内ら[1]の研究によると、歯の喪失は認知症発症の独立した危険因子であり、成人期から歯の喪失を予防することが将来の認知症発症予防に有効である可能性が示唆されている。高齢社会では口腔の健康の研究は健康寿命の延伸に欠かせない課題である。

ここで、著者らが2016年4月から地域在住女性高齢者を対象とし、現在歯数20本未満の関連要因を抽出するために、疫学調査を行った。ここでその調査をまとめた研究報告[2]を抜粋で紹介する。

I　はじめに

1989年（平成元年）以来、80歳で20本以上の歯を保つことを目標とした「8020運動」は、厚生労働省、日本歯科医師会が中心となって進められてきた[3]。80歳で20本以上の自分の歯があれば、ほとんどの食べ物をかみ砕くことができ、楽しく充実した食生活が送られることにつながる。歯の状況は現在までの健康状態を反映する健康指標であり、また全身的な健康に影響を与えることが多数報告されてい

る[(4)-(6)]。

　日頃、健康づくりを行う高齢者に対して、各地域の市町村などを中心に高齢者向けの運動教室やレクリエーションが盛んに開かれている。また、近年では加齢に伴うさまざまな口腔環境（歯数など）および口腔機能の変化、さらに社会的、精神的、身体的な予備能力低下も重なり、口腔機能障害についてもますます注目されるようになっている[(7)]。これらの背景から、口腔機能の低下者への介入やそのハイリスク者へのスクリーニングが必要である。しかし、喪失歯リスクの評価は歯科専門職でないと難しく、簡便にスクリーニングが行い難い状況である。従って、自己申告によって簡易に把握でき、地域住民やボランティアサポーターなど歯科専門職以外の支援者でも評価やスクリーニングが可能な、口腔の健康状況と関連する要因の同定が必要である。しかしながら、現在歯数 20 本未満に対して、身体・心理・栄養・社会的要因などの多要因を検討した報告は限られ[(8)]、簡易にスクリーニングするための基礎資料は不足していると考えられる。

　本稿は名古屋市における地域在住高齢者を対象として、現在歯数を 20 本以上に保つ要因について、身体、心理、栄養、社会の側面から関連要因を検討することを目的とした。

Ⅱ　対象と方法

1　調査対象者と調査方法

　名古屋市内に協力を得た 9 区の老人福祉センターにて、2016 年 4 月から 1 年間開催された「健康体操教室」[(1)] の参加者を対象とし、自記式無記名質問紙を配布し、教室終了時に回収した。調査日程期間は 2016 年 7 ～ 8 月で、675 人（男性 75 人、女性 600 人）から調査票を回収した（回収率 100％）。そのうち、65 歳以上で解析項目に欠損値のない 493 人を解析対象とした。

2　調査項目

　「健康と生活習慣に関する調査表」は表 6-1 に示す。

　現在歯数について、自身の歯の保有状況を尋ね、「①すべて自分の歯」、「②自分の歯は 20 本以上ある、入れ歯も使用している」、「③自分の歯は 20 本以上ある、入れ歯は使用していない」を「20 本以上」群、「④自分の歯は 20 本未満、入れ歯

も使用している」、「⑤自分の歯は20本未満、入れ歯は使用していない」の④〜⑤を「20本未満」群とした。

　現在歯数との関連要因において、身体的要因としてBody Mass Index（BMI）、「更衣動作」、「歩行機能」を評価した。BMIは、自己申告の身長と体重から算出し、やせ（BMI < 18.5）、普通（18.5-24.9）、肥満（≧ 25.0）の3群に分けた。「更衣動作」では「立ったままで、ズボンやスカートをはくこと」について尋ね、「できる」（何もつかまらないで立ったままできる）、「できない」（何かにつかまれば立ったままできる、または座らないとできない）の2群に分けた。身体の持久力としての「歩行機能」では、「休まないで歩くことができる時間」を尋ね、「1時間以上」と「1時間未満」の2群に分けた。栄養に関する要因として、「食事の栄養バランスの考慮について」を尋ね、「なし」（ほとんど考えない、または時々考える）と「あり」（ほぼいつも考える）の2群に分けた。心理的要因として、「ストレス」について、「あり」（非常に多い、やや多い）と「なし」（それほど多くない、またはほとんどない）の2群に分けた。「主観的な健康状態」については、「良くない」（良くない、あまり良くない）、「良好」（ふつう、またはまあ良いと思う、良いと思う）の2群に分けた。社会的要因について、「世帯状況」では「独居」と「同居」の2群に分けた。また「外出頻度」では「週1回以上」と「週1回未満」の2群に分けた。健康行動として、「喫煙」では「吸う」と「吸わない」の2群、「飲酒」では「飲む」と「飲まない」の2群、「運動頻度」では「週1回未満」と「週1回以上」の2群に分けた。これまでの継続した運動習慣として「体操教室に参加している年数」を尋ね、「1年未満」、「1年から10年未満」、「10年以上」の3群に分けた。なお、解析する際に基準とした選択肢は下線で示した（表6-1）。

3　分析方法

　現在歯数「20本未満」と「20本以上」の二つの群について、各変数の2群間比較を行った。カテゴリー変数についてはχ^2検定、連続変数については対応のないt検定を用いた。また、現在歯数が20本未満（以上）に関連する要因を抽出するために、多変量解析を行った。解析は、現在歯数（20本以上／未満）を目的変数とし、BMI、世帯状況、喫煙、飲酒、栄養バランスの考慮、運動の頻度、ストレス、主観的健康度、更衣動作と歩行機能、これまでの運動の継続年数を説明変数として、年齢を調整したロジスティック回帰分析を行い、現在歯数が20本未満となるオッズ

表 6-1　健康と生活習慣に関する調査表

A. 基本状況
① あなたの年齢は ＿＿＿ 歳
② あなたの性別は　（1）男性　（2）女性
③ あなたの身長は＿＿＿＿センチ
④ あなたの体重は＿＿＿＿キロ
⑤ 世帯状況（1）独居（2）夫婦のみ（3）親と未婚の子（4）親と子の家族（5）その他
⑥ 体操教室に参加した時間（連続で参加した同様な教室も含む）は＿＿＿＿年＿＿＿＿ヶ月間

B. 健康と生活習慣（※すべての質問に関しては、過去一か月間のこと）
■ 食事の栄養バランスの考慮について
　　（1）ほとんど考えない　（2）時々考える　(3) ほぼいつも考える
■ タバコについて
　　(1) 吸わない　（2）吸う
■ お酒について
　　(1) 飲まない　（2）週に 1 日以上飲む
■ ストレスについて
　　（1）非常に多い　（2）やや多い (3) それほど多くない　（4）ほとんどない
■ 主観的な健康状態について
　　（1）良くない　（2）あまり良くない　（3）ふつう　(4) まあ良いと思う　（5）良いと思う
■ 立ったままで、ズボンやスカートをはくことについて
　　(1) 何もつかまらないで立ったままでできる
　　（2）何かつかまれば立ったままでできる
　　（3）座らないとできない
■ 運動の頻度について（1 回は 30 分以上、少し息が弾み汗ばむ程度の運動）
　　(1) 週に 3 回以上　（2）週に 1 〜 2 回程度　（3）月に 1 〜 3 回程度　（4）しない
■ 休まないで歩ける時間について
　　(1) 1 時間以上　（2）20 〜 30 分程度　（3）5 〜 10 分程度
■ 過去一ヶ月、外出の状況について（30 分間以上のお出かけのこと）
　　(1) ほぼ毎日　（2）週に 4 〜 6 日間　（3）週に 1 〜 3 日間　（4）月に 2 〜 3 日間
　　（5）月に 1 日間ぐらい
■ 自分の歯の保有状況について（成人は上下 14 本ずつ、計 28 本）
　　(1) すべて自分の歯
　　(2) 自分の歯は 20 本以上ある、入れ歯も使用している
　　(3) 自分の歯は 20 本以上ある、入れ歯は使用していない
　　（4）自分の歯は 20 本未満、入れ歯も使用している
　　（5）自分の歯は 20 本未満、入れ歯は使用していない

　　＊下線はレファレンスとする項目である。

比（OR）及び 95 % 信頼区間（95 % CI）を求めた。更に、「80 歳未満」（382 人）と
「80 歳以上」（111 人）を二つのグループに分けて同様の分析を行った。その際に、
80 歳以上のグループにおいては喫煙者がごくわずかであったため、説明変数から
「喫煙」を除いて分析を行った。有意水準 5 % とした。すべての解析には EZR ver.
2.3-0 を用いた。

4　倫理的配慮

　質問票の表紙（依頼文書）に同意書を記載し、回答をもって同意が得られたこと
とした。

Ⅲ　結果

1　対象者の基本属性

　自分の歯が「20 本以上」の者の平均年齢は 74.4 ± 5.5 歳で、「20 本未満」の者は
76.0 ± 5.9 歳で、「20 本未満」のほうが有意に高かった（p = 0.002）。平均 BMI で
は「20 本以上」は 21.5 ± 2.9、「20 本未満」は 22.1 ± 3.2 で、「20 本未満」のほう
が有意に高く、肥満者が多かった（p = 0.03）。「20 本未満」は「20 本以上」と比べ、
「独居」は「同居」より多かった（p = 0.003）。「栄養バランスの考慮」に関しては、
「20 本未満」は「20 本以上」と比べ、「ほとんどしない」が多かった（p < 0.001）。
「更衣動作」について、「20 本未満」の群は「できない」人が多かった（p < 0.001）。
他の項目は有意差が見られなかった（表 6-2）。

2　現在歯数 20 本未満関連の要因

　ロジスティック回帰分析の結果、現在歯数が「20 本未満」と関連のあった要
因として、「肥満」であること（OR = 1.83、95 % CI：1.01-3.30）、「独居」であるこ
と（OR = 1.67、95 % CI：1.12-2.50）、「更衣動作ができない」こと（OR = 2.32、95 %
CI：1.46-3.68）が抽出された（表 6-3）。喫煙の有無、飲酒の有無、栄養バランスを
考慮して食事をすることの有無、歩行機能、運動の頻度、外出の頻度、主観的な健
康度、ストレスの有無、体操教室の参加歴については、現在歯数との関連は見られ
なかった（表 6-3）。

　更に「80 歳未満」（382 人）と「80 歳以上」（111 人）と二つの年齢グループに分

表 6-2　対象者の基本属性

調査項目	現在歯数		p 値[1]
	20 本以上	20 本未満	
人数	277 人	216 人	
平均年齢 ± 標準偏差（歳）	74.4 ± 5.5	76.0 ± 5.9	0.002*
平均 BMI ± 標準偏差（kg/m²）	21.5 ± 2.9	22.1 ± 3.2	0.03*
BMI：18.5 未満	33（11.9%）	23（10.6%）	0.07**
18.5-25 未満	21（79.1%）	159（73.6%）	
25 以上	25（ 9.0%）	34（15.7%）	
世帯状況：同居	196（70.8%）	125（57.9%）	0.003**
独居	81（29.2%）	91（42.1%）	
飲酒：週 1 日以上	28（10.1%）	12（ 5.6%）	0.07**
ほとんど飲まない	249（89.9%）	204（94.4%）	
喫煙：あり	6（ 2.2%）	5（ 2.3%）	1.00**
なし	271（97.8%）	211（97.7%）	
栄養バランスの考慮：ほとんどしない	91（32.9%）	141（65.3%）	< 0.001**
いつもする	186（67.1%）	75（34.7%）	
歩行機能[2]：1 時間未満	137（49.5%）	113（52.3%）	0.58**
1 時間以上	14（50.5%）	103（47.7%）	
更衣動作[3]：できない	47（17.0%）	75（34.7%）	< 0.001**
できる	230（83.0%）	141（65.3%）	
運動頻度：週 1 回未満	53（19.1%）	50（23.1%）	0.31**
週 1 回以上	224（80.9%）	166（76.9%）	
外出頻度：週 1 回未満	16（ 5.8%）	16（ 7.4%）	0.46**
週 1 回以上	261（94.2%）	200（92.6%）	
体操教室参加歴：1 年未満	48（17.3%）	29（13.4%）	0.33**
1 年以上 10 年未満	168（60.6%）	130（60.2%）	
10 年以上	61（22.0%）	57（26.4%）	
ストレス：多い	83（30.0%）	50（23.1%）	0.10**
少ない	194（70.0%）	166（76.9%）	
主観健康度：良くない	195（70.4%）	159（73.6%）	0.48**
良い	82（29.6%）	57（26.4%）	

（注）1）*t 検定、**χ² 検定、有意水準 < 0.05
　　　2）歩行機能：休まないで歩ける時間
　　　3）更衣動作：立ったままでズボンやスカートをはくこと

表 6-3　現在歯数 20 本未満の要因（全年齢）

項目	OR（95% CI）[1]	p 値
年齢	1.03（0.99-1.07）	0.14
BMI[2] 18.5 未満	1.00（0.55-1.81）	0.99
18.5-25 未満	1.00（Reference）	
25 以上	1.83（1.01-3.30）	0.05
世帯状況　同居	1.00（Reference）	
独居	1.67（1.12-2.50）	0.01
喫煙　なし	1.00（Reference）	
あり	1.33（0.38-4.66）	0.65
飲酒　なし	1.00（Reference）	
あり	0.55（0.27-1.15）	0.11
栄養バランスの考慮　いつもする	1.00（Reference）	
しない	0.91（0.61-1.37）	0.65
歩行機能[3] 1 時間以上	1.00（Reference）	
1 時間未満	0.85（0.57-1.28）	0.44
更衣動作[4] できる	1.00（Reference）	
できない	2.32（1.46-3.68）	< 0.001
運動頻度　週 1 回以上	1.00（Reference）	
週 1 回未満	1.25（0.78-2.01）	0.36
外出頻度　週 1 回以上	1.00（Reference）	
週 1 回未満	1.06（0.50-2.28）	0.88
主観的健康度　良い	1.00（Reference）	
良くない	1.19（0.77-1.83）	0.44
ストレス　ない	1.00（Reference）	
ある	0.68（0.44-1.06）	0.09
体操教室参加歴　1 年未満	1.00（Reference）	
1 年以上 10 年未満	0.83（0.48-1.43）	0.49
10 年以上	1.07（0.67-1.71）	0.78

（注）1）OR：オッズ比、95% CI：95%信頼区間
　　　2）BMI：体格指数（Body Mass Index）
　　　3）歩行機能：休まないで歩ける時間
　　　4）更衣動作：立ったままでズボンやスカートをはくこと

表 6-4　年齢グループ別現在歯数 20 本未満の要因

項目	< 80 歳 OR (95% CI) [1]	p 値	≧ 80 歳 OR (95% CI) [1]	p 値
年齢	1.05　(0.98-1.11)	0.16	1.11　(0.97-1.29)	0.14
BMI [2]　18.5-25 未満	1.00　(Reference)		1.00　(Reference)	
25 以上	2.02　(1.04-3.90)	0.03	1.31　(0.28-6.01)	0.73
18.5 未満	0.85　(0.41-1.76)	0.66	1.56　(0.46-5.30)	0.47
世帯状況　同居	1.00　(Reference)		1.00　(Reference)	
独居	1.78　(1.11-2.87)	0.01	1.81　(0.77-4.25)	0.18
喫煙　なし	1.00　(Reference)		—	
あり	1.61　(0.43-6.13)	0.48	—	
飲酒　なし	1.00　(Reference)		1.00　(Reference)	
あり	0.56　(0.25-1.25)	0.16	0.37　(0.05-2.67)	0.32
栄養バランスの考慮　いつもする	1.00　(Reference)		1.00　(Reference)	
しない	0.94　(0.58-1.50)	0.78	0.86　(0.36-2.05)	0.74
歩行機能 [3]　1 時間以上	1.00　(Reference)		1.00　(Reference)	
1 時間未満	0.88　(0.56-1.40)	0.59	0.71　(0.27-1.81)	0.47
更衣動作 [4]　できる	1.00　(Reference)		1.00　(Reference)	
できない	2.34　(1.34-4.14)	0.003	2.55　(1.07-6.09)	0.04
運動頻度　週 1 回以上	1.00　(Reference)		1.00　(Reference)	
週 1 回未満	1.37　(0.81-2.34)	0.24	1.01　(0.31-3.28)	0.98
外出頻度　週 1 回以上	1.00　(Reference)		1.00　(Reference)	
週 1 回未満	1.55　(0.63-3.85)	0.34	0.49　(0.11-2.23)	0.35
主観的健康度　良い	1.00　(Reference)		1.00　(Reference)	
良くない	1.25　(0.75-2.07)	0.39	1.24　(0.49-3.14)	0.65
ストレス　ない	1.00　(Reference)		1.00　(Reference)	
ある	0.74　(0.45-1.23)	0.24	0.52　(0.19-1.45)	0.21
体操教室参加歴　1 年未満	0.82　(0.45-1.49)	0.52	0.78　(0.16-3.78)	0.76
1 年以上 10 年未満	1.00　(Reference)		1.00　(Reference)	
10 年以上	1.01　(0.57-1.80)	0.98	1.20　(0.51-2.84)	0.67

(注)　1)　OR：オッズ比、95% CI：95%信頼区間
　　　2)　BMI：体格指数（Body Mass Index）
　　　3)　歩行機能：休まないで歩ける時間
　　　4)　更衣動作：立ったままでズボンやスカートをはくこと

け、同様の解析を行った。ロジスティック回帰分析の結果、「80 歳未満」グルー
プにおいて、現在歯数が「20 本未満」と関連のあった要因は、「肥満」であるこ
と（OR ＝ 2.02、95％ CI：1.04-3.90）、「独居」であること（OR ＝ 1.78、95％ CI：1.11-
2.87）、「更衣動作ができない」こと（OR ＝ 2.34、95％ CI：1.33-4.14）であった。その
ほかの項目は現在歯数との関連は見られなかった。「80 歳以上」グループにおいて
は、現在歯数が「20 本未満」と関連のあった要因は「更衣動作ができない」こと
（OR ＝ 2.55、95％ CI：1.07-6.09）であった。他の項目は有意な関連が見られなかっ
たものの、「80 歳未満」グループと同様の傾向がみられた（表 6-4）。

Ⅳ　考察

　本研究では、都市部の高齢者として名古屋市の地域在住高齢者を対象に、現在歯
数 20 本未満に関連する要因について、身体、心理、栄養、社会の側面から検討し
た。
　多変量解析の結果、現在歯数が 20 本未満と関連があった要因は「肥満」である
こと、「独居」であること、「更衣動作ができない」ことが抽出された。更に「80
歳未満」と「80 歳以上」と二つの年齢グループに分け、同様の解析を行った結果、
「80 歳未満」グループにおいて、現在歯数が「20 本未満」と関連のあった要因は、
肥満であること、独居であること、更衣動作ができないことで、対象者全体の結果
と同様だった。一方、「80 歳以上」グループにおいては、現在歯数が「20 本未満」
と関連のあった要因は「更衣動作ができない」だけであった。日常生活動作の低下
が現れる 80 歳以上の人に対する適切な口腔保健行動への支援が必要であることを
示した。
　身体的要因としての「肥満」は、北海道の高齢者を対象とした先行研究[8] の結
果と一致し、食習慣による影響が考えられる。「更衣動作ができないこと」は、特
に下肢機能の低下をはじめ、全身の筋肉の衰えを示していると考えられる。そのた
め、体力的にセルフケアのための移動や動作が遂行できなく、歯磨きなどが十分に
できないことを表している可能性がある。社会的要因としての「独居」は、デリ
ケートな問題である口臭問題や歯の不清潔に関して、共同生活者の夫や妻からの指
摘がないため、日常的な口腔ケアへの意識低下の可能性がある。また、家族の支
援が受けられないことにより、歯科への受診行動の低下が一つの理由と考えられ

る[(9)-(11)]。

　高齢者において、現在歯数が少ないことは認知症の発症と関連することや、生活
の質の低下に関連することが報告されている[(12)-(14)]。したがって、高齢者の現在歯
数における関連要因を示した本研究結果は、高齢者の健康づくりを推進する上での
一助となると考える。

　本研究の限界として、①対象者は健康教室への参加者で、一般の地域高齢者より
も健康意識や健康状態が良いことが一般化可能性には限界がある。しかし、健康状
態の良い高齢者について、現在歯数との関連要因を同定できたことは意義があると
考える。②自記式質問票による情報バイアスが生じている可能性がある。しかし、
専任スタッフより参加者へ事前説明、調査票項目の読み上げ、回収する際の再度確
認などで、記入の誤りが少ないと考える。③質問調査票の妥当性と再現性が確認さ
れていないことがある。しかし、質問項目の多くは疫学調査にて一般的に使用さ
れる項目であり、その影響は大きくないと考える。④口腔保健行動（デンタルクロ
ス、歯間ブラシ、フッ化物配合歯磨剤の使用）、既往歴（糖尿病、高血圧など）の情報が
ないため、それらの要因による歯の健康状況に与える影響を分析することができな
かった。今後は更なる研究が必要であると考える。

　結論として、本研究では、都市部の地域高齢者を対象に、現在歯数が「20 本未
満」との関連要因を検討し、「肥満」、「独居」、「更衣動作」が同定された。今回の
結果を活用して、地域における高齢者の健康づくりを推進していきたい。

謝辞：名古屋市内福祉センター [(15)] 関係者ならびに参加者の皆様、体操指導者
加藤利枝子先生、名古屋市立大学大学院医学研究科公衆衛生学分野　鈴木貞夫先生
に心より感謝申し上げます。

【注】
(1)　竹内研時「地域住民における歯の喪失と認知症発症のとの関連―久山町研究―」『口
　　腔衛生学会雑誌』70：7-10、2020。
(2)　尚爾華・野口泰司・中山佳美「地域在住女性高齢者における現在歯数 20 本未満の関
　　連要因―名古屋市体操教室参加者における調査―」『口腔衛生学会雑誌』70：27-33、
　　2020。
(3)　小田清一・稲木杏吏・貝沼圭吾ほか『国民衛生の動向・厚生労働の指標、増刊』厚生
　　統計協会、東京、2019、131 頁。
(4)　皆川久美子・葭原明弘・佐藤美寿々ほか「一般地域住民における主観的な歯や歯肉の

健康状態と全身健康状態との関連『一般地域住民を対象とした歯・口腔の健康に関する調査研究』より」『口腔衛生会誌』68：198-206、2018。

(5)　近藤隆子・葭原明弘・清田義和ほか「70歳地域在住高齢者の歯の喪失リスク要因に関する研究：5年間のコホート調査結果』『口腔衛生会誌』59：198-206、2009。

(6)　窪木拓男「歯科医療の全身健康へのかかわりをいかにひもとくか―もう1つのパラダイムシフトを目前にして―」『日本補綴歯科学会雑誌』48：501-510、2004。

(7)　佐藤哲郎「神奈川県における後期高齢者歯科健診とオーラルフレイル対策の推進」『老年歯学』33：413-418、2019。

(8)　中山佳美・森 満「高齢者で歯を20本以上保つ要因について～北海道道東地域におけるケース・コントロール研究～」『口腔衛生会誌』61：265-272、2011。

(9)　Michiyo Higuchi, Kayo Suzuki, Toyo Ashida et al., "Social Support and Access to Health Care Among Older People in Japan: Japan Gerontological Evaluation Study (JAGES)", *Asia Pacific Journal of Public Health*, 1-12, 2018.

(10)　安倍嘉彦・高橋収・本多丘人ほか「高齢者におけるオーラルフレイルの診断とサルコペニアおよびメタボリック・シンドロームとの関連について」『北海道歯誌』38：234-242、2018。

(11)　森野智子・山本智美・坂本友紀「牧之原市の65歳高齢者における地域支援事業の歯科相談参加行動に関する因子」『口腔衛生学会雑誌』64（5）、2014。

(12)　富永一道・濱野強・土﨑しのぶほか「地域在住高齢者における認知機能検査と「咀嚼の複合指標」との関係について」『口腔衛生会誌』67：276-283、2017。

(13)　佐藤美寿々・岩崎正則・皆川久美子ほか「地域在住高齢者における現在歯数および義歯の使用状況・主観的評価とフレイルとの関連についての横断研究」『口腔衛生会誌』68：68-75、2018。

(14)　神光一郎・土居貴士・川崎弘二ほか「健康づくり実践高齢者の口腔内状況と健康度との関連についての検討―健康改善カードの活用―」『口腔衛生会誌』64：351-358、2014。

(15)　名古屋市には各区ごとに、地域の高齢者が無料で利用できる老人福祉センターがある。本研究に参加した9区には65歳以上在住者はおおよそ3万6千人で、そのうち体操教室に参加する675人（約0.2％）が本調査の対象者となった。

愛知東邦大学　地域創造研究所

　愛知東邦大学地域創造研究所は2007年4月1日から、2002年10月に発足した東邦学園大学地域ビジネス研究所を改称・継承した研究機関である。

　地域ビジネス研究所設立当時は、単科大学（経営学部 地域ビジネス学科）附属の研究機関であったが、大学名称変更ならびに2学部3学科体制（経営学部 地域ビジネス学科、人間学部 人間健康学科・子ども発達学科）への発展に伴って、新しい研究分野を包括する名称へと変更した。

　現在では、3学部4学科体制（経営学部 地域ビジネス学科・国際ビジネス学科、人間健康学部 人間健康学科、教育学部 子ども発達学科）となり、さらに研究・教育のフィールドを広げ、より一層多様な形で地域発展に寄与しようとしている。

　当研究所では、研究所設立記念出版物のほか、年2冊のペースで「地域創造研究叢書（旧 地域ビジネス研究叢書)」を編集しており、創立以来、下記の内容をいずれも唯学書房から出版してきた。

・『地域ビジネス学を創る――地域の未来はまちおこしから』（2003年）

地域ビジネス研究叢書

・No.1 『地場産業とまちづくりを考える』（2003年）

・No.2 『近代産業勃興期の中部経済』（2004年）

・No.3 『有松・鳴海絞りと有松のまちづくり』（2005年）

・No.4 『むらおこし・まちおこしを考える』（2005年）

・No.5 『地域づくりの実例から学ぶ』（2006年）

・No.6 『碧南市大浜地区の歴史とくらし――「歩いて暮らせるまち」をめざして』（2007年）

・No.7 『700人の村の挑戦――長野県売木のむらおこし』（2007年）

地域創造研究叢書

・No.8 『地域医療再生への医師たちの闘い』（2008年）

・No.9 『地方都市のまちづくり――キーマンたちの奮闘』（2008年）

・No.10 『「子育ち」環境を創りだす』（2008年）

・No.11 『地域医療改善の課題』（2009年）

・No.12『ニュースポーツの面白さと楽しみ方へのチャレンジ──スポーツ輪投げ「クロリティー」による地域活動に関する研究』(2009 年)
・No.13『戦時下の中部産業と東邦商業学校──下出義雄の役割』(2010 年)
・No.14『住民参加のまちづくり』(2010 年)
・No.15『学士力を保証するための学生支援──組織的取り組みに向けて』(2011 年)
・No.16『江戸時代の教育を現代に生かす』(2012 年)
・No.17『超高齢社会における認知症予防と運動習慣への挑戦──高齢者を対象としたクロリティー活動の効果に関する研究』(2012 年)
・No.18『中部における福澤桃介らの事業とその時代』(2012 年)
・No.19『東日本大震災と被災者支援活動』(2013 年)
・No.20『人が人らしく生きるために──人権について考える』(2013 年)
・No.21『ならぬことはならぬ──江戸時代後期の教育を中心として』(2014 年)
・No.22『学生の「力」をのばす大学教育──その試みと葛藤』(2014 年)
・No.23『東日本大震災被災者体験記』(2015 年)
・No.24『スポーツツーリズムの可能性を探る──新しい生涯スポーツ社会への実現に向けて』(2015 年)
・No.25『ことばでつなぐ子どもの世界』(2016 年)
・No.26『子どもの心に寄り添う──今を生きる子どもたちの理解と支援』(2016 年)
・No.27『長寿社会を生きる──地域の健康づくりをめざして』(2017 年)
・No.28『下出民義父子の事業と文化活動』(2017 年)
・No.29『下出義雄の社会的活動とその背景』(2018 年)
・No.30『教員と保育士の養成における「サービス・ラーニング」の実践研究』(2018 年)
・No.31『地域が求める人材』(2019 年)
・No.32『高齢社会の健康と福祉のエッセンス』(2019 年)
・No.33『持続可能なスポーツツーリズムへの挑戦』(2020 年)

　当研究所ではこの間、愛知県碧南市や同旧足助町（現豊田市）、長野県売木村、豊田信用金庫などからの受託研究や、共同・連携研究を行い、それぞれ成果を発表しつつある。研究所内部でも毎年 5 ～ 6 組の共同研究チームを組織して、多様な角度からの地域研究を進めている。本報告書もそうした成果の 1 つである。また学校法人東邦学園が所蔵する、9 割以上が第二次大戦中の資料である約 1 万 4,000 点の

「東邦学園下出文庫」も、2008年度から愛知東邦大学で公開し、現在は大学図書館からネット検索も可能にしている。

　そのほか、月例研究会も好評で、学内外研究者の交流の場にもなっている。今後とも、当研究所活動へのご協力やご支援をお願いする次第である。

執筆者紹介

尚　　爾華（しょう じか）／愛知東邦大学人間健康学部教授（まえがき、第5章、第6章担当）

丸岡　利則（まるおか としのり）／愛知東邦大学人間健康学部教授（第1章担当）

馬　　利中（まり ちゅう）／中国上海大学東アジア研究センター教授（第2担当）

李　　冬冬（り とうとう）／中国黒竜江省ハルビン市第四病院主治医師（第3担当）

劉　　鳳新（りゅう ほうしん）／中国黒竜江省ハルビン市第四病院主任医師（第3担当）

渡辺　弥生（わたなべ やよい）／愛知東邦大学人間健康学部准教授（第4章担当）

鈴木　惠三（すずき けいぞう）／札幌医科大学医学部公衆衛生学講座訪問研究員（第5章担当）

野口　泰司（のぐち たいじ）／国立研究開発法人国立長寿医療研究センター老年学・社会科学研究センター老年社会科学研究部社会参加・社会支援研究室研究員（第6章担当）

中山　佳美（なかやま よしみ）／北海道釧路保健所主任技師・札幌医科大学医学部公衆衛生学兼任講師（第6章担当）

地域創造研究叢書No.34

高齢者の保健・福祉・医療のパイオニア

2020年10月31日　第1版第1刷発行

編　者——愛知東邦大学　地域創造研究所

発　行——有限会社　唯学書房

　　　　〒113-0033　東京都文京区本郷1-28-36　鳳明ビル102A
　　　　TEL　03-6801-6772　　FAX　03-6801-6210
　　　　E-mail　yuigaku@atlas.plala.or.jp
　　　　URL　https://www.yuigakushobo.com

発　売——有限会社　アジール・プロダクション

装　幀——米谷　豪

印刷・製本——中央精版印刷株式会社